大宰府と万葉の歌

森弘子

Mori Hiroko

海鳥社

初春の令月にして
気淑く風和ぎ
梅は鏡前の粉を披き
蘭は珮後の香を薫らす

博多人形による「梅花の宴」再現ジオラマ
（山村延燁作。公益財団法人古都大宰府保存協会所蔵）

世の中は空しきものと知る時し
いよよますますかなしかりけり
大伴旅人（巻五・七九三）

万代《よろづよ》に年は来経とも梅の花
絶ゆることなく咲き渡るべし
筑前介・佐氏子首
(巻五・八三〇)

[安本多美子氏撮影]

辛人《からひと》の衣染むといふ紫の
心にしみて思ほゆるかも
大典・麻田陽春
(巻四・五六九)

藤波の花は盛りになりにけり
平城《なら》の京《みやこ》を思ほすや君
防人司佑・大伴四綱
(巻三・三三〇)

大野山霧立ち渡るわが嘆く
息嘯《おきそ》の風に霧立ちわたる
筑前守・山上憶良
（巻五・七九九）

[九州歴史資料館提供]

妹《いも》が見し楝《あふち》の花は散りぬべし
わが泣く涙いまだ干なくに
山上憶良
（巻五・七九八）

浅茅原《あさじはら》つばらつばらにもの思《も》へば
故《ふ》りにし郷《さと》し思ほゆるかも
大宰帥・大伴旅人
（巻三・三三三）

忘れ草わが紐に付く香具山の
故りにし里を忘れむがため
大宰帥・大伴旅人
（巻三・三三四）

をみなへし秋萩まじる蘆城野《あしきの》は
今日を始めて萬代に見む
作者不詳（巻八・一五三〇）

［安本多美子氏撮影］

湯の原に鳴く葦鶴《あしたづ》はわがごとく
妹に恋ふれや時わかず鳴く
大伴旅人
（巻六・九六一）

[九州歴史資料館提供]

いちしろくしぐれの雨は降らなくに
大城《おおき》の山は色づきにけり
作者不詳
（巻十・二一九七）

[安本多美子氏撮影]

秋の野に咲きたる花を指折《およびお》り
かき数ふれば七種《ななくさ》の花
萩の花尾花葛花なでしこが花
をみなへしまた藤袴朝顔の花
山上憶良
（巻八・一五三七・一五三八）

沫雪《あわゆき》のほどろほどろに降り敷けば
平城《なら》の京《みやこ》し思ほゆるかも
大伴旅人（巻八・一六三九）

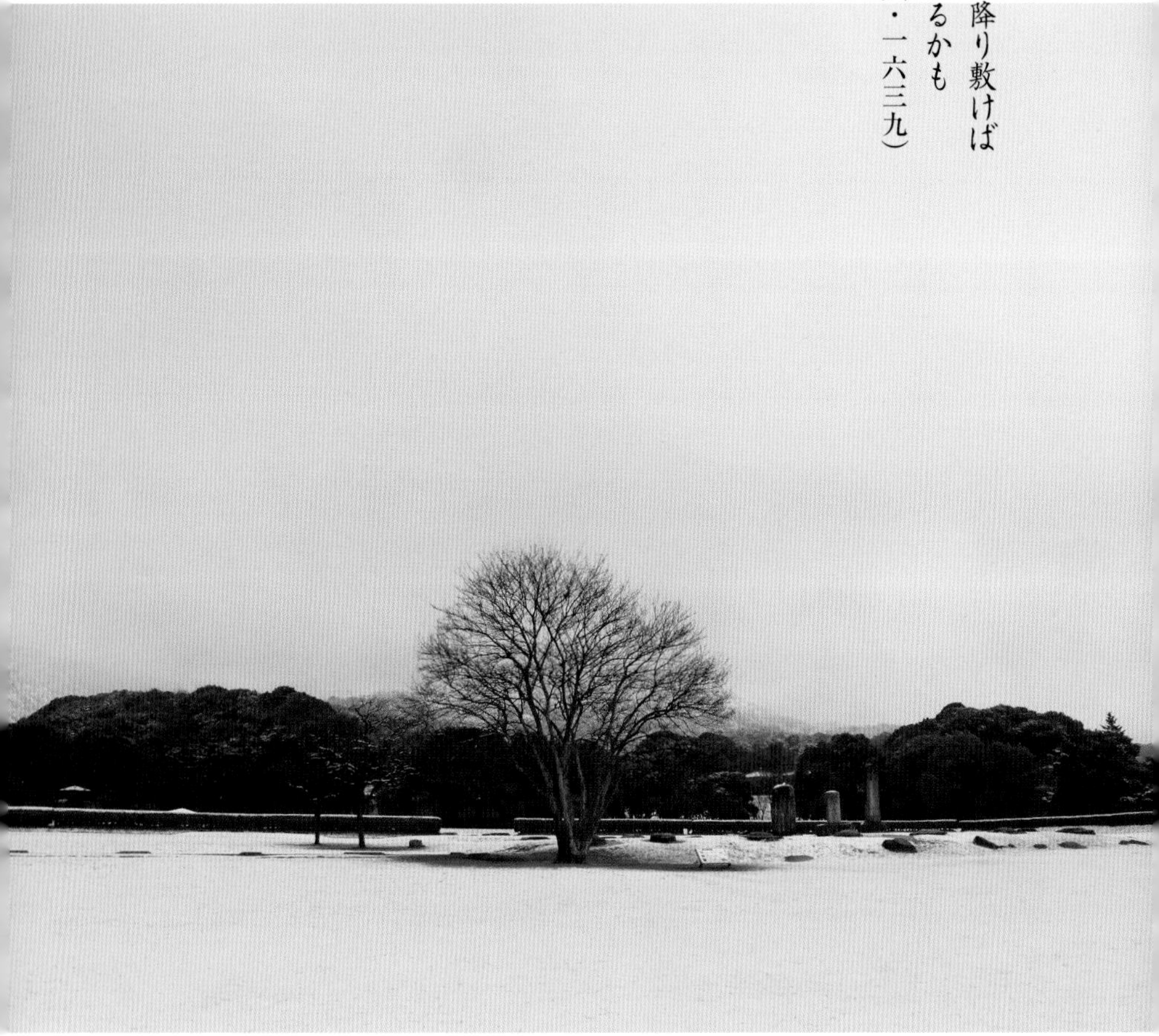

［安本多美子氏撮影］

大宰府と万葉の歌◉もくじ

遠の朝廷……105

装　画・神戸智行
装画撮影・山﨑信一（スタジオパッション）
装　幀・毛利一枝

梅花の宴

梅花の宴にちなんで
坂本八幡宮近くに植えられた梅

新元号「令和」発表

平成に嗣《つ》ぐ新しい御代《みよ》の元号は「令和」と定められた。
その典拠は『万葉集』巻五の「梅花の歌三十二首 幷序《あわせて》」の「序文」にある。

初春の令月にして
気淑《よ》く風和《やはら》ぎ
梅は鏡前の粉を披《ひら》き
蘭は珮後《はいご》の香《かう》を薫《かお》らす

流麗な四六騈儷体《しろくべんれいたい》で書かれた梅花の宴序文の一節は、発表以来何度もテレビ等で放映され、難しいながらもすっかりポピュラーなものとなった。

最初の二句の初春の令月の「令」と風和らぎの「和」が採られ「令和」となったという。「和」は聖徳太子が「和を以て尊しとなす」と宣《のたま》って以来、日本人の指標とする大切なものとされ、これまでに二十の元号に使用されたが、「令」は二八四番目にして初めてのこと。聞いた瞬間「珍しい」と思ったものだが、「令」には、すぐ頭に浮かんでくる命令とかそういうことだけではなく、善、美、能、吉、嘉などの意味がある。新元号「令和」の考案者・中西進氏は「令」は尊敬・品格・端正さを表すと、テレビ番組で説明された。「令名」「令嬢」などと言う時、単なる敬称ではなく、そこはかとなくそういう香を感じるのは私だけであろうか。梅花の

坂本八幡宮に建てられた元号「令和」の碑。内閣府辞令専門職・茂住修身氏筆

歌の序文でも「令月」はまさにそういう意味で使われている。

この序文の冒頭には、「天平二（七三〇）年正月十三日に、帥《そち》の老《おきな》の宅《いえ》に集まって宴を催した」と述べられている。帥は大宰府の長官。ここでいう「帥の老」とは当時六十六歳だった大宰帥大伴旅人のこと。つまり梅花の歌三十二首が詠まれた梅花の宴は、大伴旅人《おおとものたびと》邸で行われたということだ。ゆかりの地太宰府は喜びに沸き返った。

天平二年正月十三日は現行の太陽暦にすると二月八日。この日前後には、太宰府の『万葉集』を愛する市民グループ「大宰府万葉会」が、結成以来二十年、毎年「梅花の宴」と称して、万葉衣装に身を包み、梅花の歌三十二首を朗誦する会を催している。私も、大宰府政庁跡にある大宰府展示館に勤務していた平成の初め頃、「梅花の宴——遠《とお》の朝廷《みかど》の食と衣」という展覧会を開催したことがある。その時制作した「梅花の宴」の様子を博多人形で表現したジオラマや、「梅花の宴」の時にどんなご馳走が出されたであろうかと、日本風俗史学会九州支部の先生方と共同研究し、地元の人々と復元に取り組んだ「饗宴《きょうえん》の膳」が、今も展示館に展示されているなどのこともあって、「梅花の宴」は市民によく知られた出来事なのである。

新元号が発表された日の午後、急遽坂本八幡宮に駆けつけた私は、何時間も寒風の中、マスコミの攻勢にあい帰宅することができない羽目となった。それから半年、それまで訪《おとな》う人もまばらだった坂本八幡宮にも、大宰府展示館にも、押し寄せる人の波が絶えない。それは、坂本八幡宮が梅花の宴が開催された大伴旅人邸の跡とされていることと、大宰府展示館にある梅花の宴のジオラマが、度々テレビに映し出されたからであろう。

新元号ゆかりの地になったことは、まことに嬉しく光栄なことながら、しばらくはまさに驚愕の日々であった。

大宰府文化の象徴・梅花の宴

それでは、『万葉集』巻五に収められた「梅花歌卅二首幷序」とはどんなものなのかを見てみよう。

（参考『太宰府市史文芸資料編』六九―七二頁）

梅花の歌三十二首　序を幷せたり

天平二年正月十三日に、帥《そち》の老《おきな》の宅《いへ》に萃《あつ》まりて、宴会を申《ひら》きき。時に、初春の令月にして、気淑《よ》く風和《やはら》ぎ、梅は鏡前の粉を披《ひら》き、蘭は珮後《はいご》の香《かう》を薫《くん》ず。加之《しかのみにあらず》、曙の嶺に雲移り、松は羅《うすもの》を掛けて蓋《きぬがさ》を傾け、夕の岫《くき》に霧結び、鳥は穀《うすもの》に封《こ》められて林に迷《まと》ふ。庭には新蝶《しんてふ》舞ひ、空には故雁帰る。ここに天を蓋とし、地を座《しきゐ》とし、膝を促《ちかづ》け觴《さかづき》を飛ばす。言《こと》を一室の裏《うち》に忘れ、衿《ころものくび》を煙霞《えんか》の外に開く。淡然に自《みづか》ら放《ほしきまま》にし、快然に自ら足る。若し翰苑あらぬときには、何を以ちてか情《こころ》を攄《の》べむ。請ふ落梅の篇を紀《しる》さむ。古と今とそれ何そ異ならむ。園の梅を賦して聊《いささ》かに短詠を成す宜《べ》し。

正月《むつき》立ち春の来《きた》らば斯《か》くしこそ梅を招《を》きつつ楽しき終《を》へめ　大弐紀卿　八一五番

梅の花今咲ける如《ごと》散り過ぎずわが家《へ》の園にありこせぬかも　少弐小野大夫　八一六番

梅の花咲きたる園の青柳《あをやぎ》は蘰《かづら》にすべく成りにけらずや　少弐粟田大夫　八一七番

春さればまづ咲く宿の梅の花独り見つつや春日暮《くら》さむ　筑前守山上大夫　八一八番

世の中は恋繁しゑや斯くしあらば梅の花にも成らましものを　豊後守大伴大夫　八一九番

梅の花今盛りなり思ふどち挿頭《かざし》にしてな今盛りなり　筑後守葛井《ふじゐ》大夫　八二〇番

青柳《あおやなぎ》梅との花を折りかざし飲みての後は散りぬともよし　笠沙弥　八二一番

わが園に梅の花散るひさかたの天《あめ》より雪の流れ来るかも　主人　八二二番

梅の花散らくは何処《いづく》しかすがにこの城《き》の山に雪は降りつつ　大監伴氏百代　八二三番

梅の花散らまく惜しみわが園の竹の林に鶯鳴くも　少監阿氏奥嶋《おきしま》　八二四番

梅の花咲きたる園の青柳を蘰《かづら》にしつつ遊び暮さな　少監土氏百村　八二五番

うち靡《なび》く春の柳とわが宿の梅の花とを如何《いか》にか分《わ》かむ　大典史氏大原　八二六番

春されば木末隠《こぬれがく》りて鶯そ鳴きて去《い》ぬなる梅が下枝《しづえ》に　少典山氏若麿　八二七番

人毎《ひとごと》に折り挿頭《かざ》しつつ遊べどもいやめづらしき梅の花かも　大判事丹氏麿　八二八番

梅の花咲きて散りなば桜花継ぎて咲くべくなりにてあらずや　薬師張氏福子　八二九番

万代《よろづよ》に年は来経《きふ》とも梅の花絶ゆることなく咲き渡るべし　筑前介佐氏子首　八三〇番

春なれば宜《うべ》も咲きたる梅の花君を思ふと夜眠《よい》も寝なくに　壱岐守板氏安麿　八三一番

梅の花折りてかざせる諸人《もろひと》は今日の間《あひだ》は楽しくあるべし　神司荒氏稲布　八三二番

毎年《としのは》に春の来《きた》らば斯くしこそ梅を挿頭《かざ》して楽しく飲まめ　大令史野氏宿奈麿　八三三番

梅の花今盛りなり百鳥の声の恋《こほ》しき春来たるらし　少令史田氏肥人　八三四番

春さらば逢はむと思《も》ひし梅の花今日の遊びにあひ見つるかも　薬師高氏義通　八三五番

梅の花手折《たを》り挿頭して遊べども飽き足《た》らぬ日は今日にしありけり　陰陽師礒氏法麿　八三六番

春の野に鳴くや鶯懐《なつ》けむとわが家《へ》の園に梅が花咲く　筭師志氏大道　八三七番

梅の花散り乱《まが》ひたる岡傍《び》には鶯鳴くも春方《かたま》設けて　大隅目榎氏鉢麿　八三八番

春の野に霧立ち渡り降る雪と人の見るまで梅の花散る　筑前目田氏真上　八三九番

春柳蘰《かづら》に折りし梅の花誰《たれ》か浮かべし酒杯《さかづき》の上《へ》に　壱岐目村氏彼方《おちかた》　八四〇番

鶯の声《おと》聞くなべに梅の花吾家《わぎへ》の園に咲きて散る見ゆ　対馬目高氏老《おゆ》　八四一番

わが宿の梅の下枝《しづえ》に遊びつつ鶯鳴くも散らまく惜しみ　薩摩目高氏海人　八四二番

梅の花折り挿頭しつつ諸人の遊ぶを見れば都しぞ思《も》ふ　土師《はにし》氏御道《みみち》　八四三番

妹《いも》が家《へ》に雪かも降ると見るまでにここだも乱《まが》ふ梅の花かも　小野氏国堅　八四四番

鶯の待ちかてにせし梅が花散らずありこそ思ふ子が為　筑前拯門氏石足《いそたり》　八四五番

霞立つ長き春日を挿頭《かざ》せれどいや懐《なつか》しき梅の花かも　小野氏淡理　八四六番

員外、故郷を思ふ歌両首

わが盛りいたく降《くた》ちぬ雲に飛ぶ薬はむともまたをちめやも　八四七番

雲に飛ぶ薬はむよは都見ばいやしき吾《あ》が身またをちぬべし　八四八番

後に追ひて梅の歌に和《こた》ふる四首

残りたる雪にまじれる梅の花早くな散りそ雪は消《け》ぬとも　八四九番

雪の色を奪ひて咲ける梅の花今盛りなり見む人もがも　八五〇番

わが宿に盛りに咲ける梅の花散るべくなりぬ見む人もがも　八五一番

梅の花夢《いめ》に語らく風流《みや》びたる花と我思《あれも》ふ酒に浮《うか》べこそ　八五二番
一に云はく、いたづらに我《あれ》をちらすな酒にうかべこそ

この歌群は、序文＋本文（和歌）＋追詩（和歌）という形式をとって、一つの作品となっている。序文と追詩を備えた詩宴のスタイルは中国初唐詩に発するという。

「令和」の典拠が初めて国書から、それも天皇から庶民までの歌を収めた『万葉集』からだということで、「初春の令月にして、気淑く風和ぎ」の文言を歌の一部と思った人が多く、「序文」ということがなかなか理解されなかったようだ。マスコミからも大宰府史跡解説員からも、「歌じゃないんですか？」「序文って何ですか？」と質問攻めにあった。それもそのはずで、『万葉集』の中で序文をそなえた作品は少なく、漢文序をもつ作品群は、「筑紫歌壇」以前の『万葉集』には例を見ないからだ。

天平初年頃、大伴旅人を中心に筑前守・山上憶良、大宰少弐・小野老《おののおゆ》、造観世音寺別当・沙弥満誓《しゃみまんぜい》、大宰大《だい》監《げん》・大伴百代《おおとものももよ》、筑後守・葛井連大成《ふじいのむらじおおなり》など、優れた歌詠みが大勢大宰府にいて、梅花の宴をはじめ様々な場面で歌を詠みあった。彼らは近代になって「万葉集筑紫歌壇」と称されるようになった。おおむね梅花の宴に参宴した人々をいうが、参宴していない大典《だいてん》・麻田陽春《あさだのやす》、防人司佑《さきもりのつかさのすけ》・大伴四綱《おおとものよつな》なども、ほかの宴席などで優れた歌を詠んでいる。また旅人の赴任後間もなく亡くなった旅人の妻にかわって、旅人の妹・大伴坂上郎女《おおとものさかのうえのいらつめ》が大宰府に下ってくる。坂上郎女は女性の歌人としては最も多くの歌を『万葉集』に遺しており、歌数が多いばかりでなく、情熱的な歌や家のまつりに関わる歌など、バラエティーに富んだ巧みな歌をつくっている。彼女も筑紫歌壇の一人と言えよう。

「梅花の歌三十二首」は『万葉集』の四千五百余首の歌の中でも、際だった歌群として光彩を放っている。

序文と追和歌を併せ持つこの歌群の性格は、この宴が催される以前の宴の歌とは趣《おもむき》を異にしている。古来の宴歌は、祝賀の宴であったり送別の宴であったり、宴をする目的があり、それに関して歌われた歌、宴の興がのってきたところで自然に発した歌であったが、梅花の宴は、初めから「梅」を題材《テーマ》として歌を詠むための宴として催されたのである。

序文はいわば、こうした歌宴を開催する趣旨を述べたものである。梅花の歌の序文が、四世紀の中国の著名な書家・王羲之《おうぎし》の「蘭亭集序《らんていしゅうじょ》」を真似たものであることは、すでに江戸初期の国学者・契沖《けいちゅう》が『万葉代匠《まんようだいしょう》記《き》』で指摘している。漢文であり、たいへん難解。「全部読むのはめげてしまいそう」ということで、件《くだん》の四節以外は、ほとんど採りあげられることがない。私もいろんな全訳を見てみたが、最近やっとこれだと納得する訳に出逢うことができた。それはわかりやすくユーモアに溢れる万葉講演で大人気の上野誠氏が、『中央公論』二〇一九年六月号に発表されている。上野氏の訳は、およそ一三〇〇年前のその日の光景が目に浮かぶような名訳。次に引用させていただいて、読者の皆さんにもその日の雰囲気を味わっていただこう。

梅花の歌三十二首とその序文

時は、天平二年正月十三日のこと。私たちは、帥老すなわち大伴旅人宅に集まって、宴を催した。それは、折しも初春のめでたき良い月で、天の気、地の気もよくて、風もやさしい日だった。旅人長官の邸宅の梅は、まるで鏡の前にある白粉のように白く、その香は帯にぶら下げる匂い袋のように香るではないか。その上、朝日が映える嶺は雲がたなびいていて、庭の松はうすものの絹笠を傾けたようにも見えた。時移り夕映えの山のくぼみにの眼を転ずれば、霧も立ち込めて、鳥たちは霞のうすぎぬのなかに閉じこめられて、園林の中をさまよい飛ぶ。一方、庭に舞い遊ぶのは今年の命を得た蝶だ。空を見上げると昨秋やってきた雁たちが帰ってゆくのが見える。この良き日に、私たちは天を絹笠とし、大地を敷き物にして、気の合った仲間たちと膝を交えて酒杯を飛ばしあって酒を飲んだ。かの宴の席、一堂に会する我らは、言葉すらも忘れて心と心を通わせ、けぶる霞に向かって襟をほどいてくつろいだのだった。ひとりひとりのとらわれない思いと、心地よく満ち足りた心のうち。そんなこんなの喜びの気分は、詩文を書くこと以外にどう表せばよいというのか――。かの唐土には舞い散る梅を歌った数々の詩文がある。昔と今にどうして異なるところなどあろうぞ。さあ、さあ、われらも「園梅」という言葉を題として短歌を詠み合おうではないか……。

梅花の歌の序文の作者については、古来、山上憶良説、大伴旅人説、某官人説などがあるが、今日では大伴旅人とする説が有力となっている。しかし、中国のこれこれの文献を参考に序文を書けと旅人が命ずれば、当時の官人の素養からいえば誰にでも書けたともいう。上野氏は「むしろ作者を記さないことにこそ意味がある。なぜならば、大伴旅人の邸宅の花見の宴に集まった、すべての人びとの気持ちを代表して書かれているからである」といわれる。私にも作者の詮索はあまり意味がないことのように思える。

晋の穆帝《ぼくてい》の永和九（三五三）年三月三日、浙江省《せっこう》紹興県《しょうこう》会稽山陰《かいけいさんいん》の蘭亭に四十一人の文士が集まり、曲水の宴が開かれた。この時、二十七編の詩が作られ、王羲之はその序文を書いた。日本にも伝来し、その書も文章も、貴族・官人の間でもてはやされた。「蘭亭集序」である。

永和九年の春、私たちは会稽山陰の蘭亭に集い、禊事（曲水宴）を行った。

この地には高い山、峻しい嶺、深い竹林、また清流、激湍《げきたん》がある。

その水を引いて曲水をつくり、一同が席についた。
管絃の華やぎはないものの、一杯の酒に一首の詩は
心をのびやかにするのに十分だ。
この日、空は晴れ、空気は澄み、風はやわらかに吹きわたっている。
広大な宇宙を仰ぎ見、万物の営みに思いを寄せて、
耳目を楽しませるのは、なんと愉快なことだろう

最初の一行の原文は「永和九年、歳在癸丑、暮春之初、會于會稽山陰之蘭亭、脩禊事也」。梅花の歌序文も最初に「天平二年正月十三日萃于帥老之宅申宴会」と、何時いつどこで何をしたと述べ、全体の雰囲気もよく似た文章だ。新元号「令和」の典拠となった「初春令月、気淑風和」さえ、六行目の「是日也、天朗氣清、恵風和暢」によく似ている。

王羲之と大伴旅人は、ともに名門貴族の出身であり、将軍・官僚を歴任したというよく似た経歴を持っている。そうしたことも旅人がつねづね王羲之に憧れ、終にたどり着いたその隠逸の境地を、我が身にも実現させたい。曲水の宴の真の風雅を日本においても実現させたいと思ったことにつながるのであろうか。

「遠《とお》の朝廷《みかど》」とはいいながら、都を遠く離れた地。ましてや赴任してまもなく愛する妻を失い、都では藤原氏が勢力を伸ばしている。そんな旅人が自分の心を解き放ち、憂き世を離れ、心通わせる人たちと一時の遊興にひたる。中国文学に並々ならぬ素養を持つ大伴旅人、そしてその周辺には、同じく中国文化に精通し旅人の想いに応え得る人々がいた。参宴者の中には奈良の都で長屋王邸にある作宝楼という詩作のサロンに集まっていた人も数人いる。前年に起こった政変によって散った盟友長屋王への追懐の意味も込め、宴が開かれたのか

もしれない。

梅花は菅原道真公が愛されたということもあって、今日、「太宰府」といえば「梅」というように、梅と太宰府は切っても切れない縁がある。太宰府天満宮で毎年三月の第一日曜日に開催される「曲水の宴」も、境内の梅林に造られた曲水の庭で梅の花を愛《め》でる宴として行われている。しかし、曲水の宴は旧暦三月三日、あるいは三月上巳《じょうし》の禊祓《みそぎはらえ》に源を発しており、桃の花がつきものである。現在は新暦で行われているので、桃の花はまだなく、しかも天神様ゆかりの梅花の下で行われるのは、至極当然に思われるが、大伴旅人は王羲之の蘭亭の曲水の宴に憧れながら、何故、桃ではなく「梅花」をテーマにしたのだろうか。

それは、中国の『楽府詩』の中にある辺境の望郷詩「梅花落」を真似ようとしたからだ、と中西進氏が指摘されている。散る梅に辺境にある己が身を重ね、その哀しみを大宰府にいる心通わせる友と分かち合おうとしたのである。冒頭の部分のみが有名になったこの序文の最後には「請ふ落梅の篇を紀《しる》さむ。古と今とそれ何ぞ異ならむ。園の梅を賦して聊《いささ》かに短詠を成す宜《べ》し」と、「落梅」をテーマに歌を詠むことを一座の人々に促している。古と今とは、「梅花落」の望郷詩がつくられた「いにしえ」と、「落梅」の歌をつくろうとしている「今」の自分たちをいっているのであろう。

百花に魁《さきがけ》て寒中に凛と咲く梅花は、日本人の生き方として宜《よし》とされ、今や「梅」といえば純日本的な花というイメージだが、実は梅は、当時中国からもたらされたばかりの珍しくも貴い花だったのである。平安人の好みは紅梅であったが、梅花の宴では梅を雪やお白粉《しろい》に例えているので、奈良時代にはまだ白梅しかなかったと考えられている。梅は万葉植物としては萩の花についで多くの歌に詠われている。しかし、多くの歌が詠われているからといって、日本人誰もが愛した花というわけではない。梅の花を愛でることができたのは、ごく一部のエリートだけであった。『万葉集』で〝梅花〟が詠われた場所は、大宰府と奈良の都だけである。海外との門戸である大宰府において、当時輸入されたばかりの、学問文化のシンボルの花をテーマとして、中国に発する文芸の宴を日本固有の和歌で行ったのである。

「令和」という新元号が発表されてまもなく、そのもともとの典拠は『万葉集』ではなく、中国の『文選《もんぜん》』にある張平子《ちょうへいし》の「帰田賦《きでんのふ》」の「仲春令月　時和気清」（仲春の令月、時はなごし気は清む）であるという意見が出された。しかし日本の文化は、大陸・半島の文化を受け入れ、それを日本固有の文化と融和することによって、独自の新しい文化を創り上げてきたのだ。そうした日本文化の形成を、文芸作品という一つの形で示した最初のできごとといっても過言ではないのが「梅花の宴」である。梅花の宴の開催は、国際都市・大宰府においてこそ可能だったのであり、梅花の宴は大宰府文化を象徴するできごとでもあったのである。

「Beautiful Harmony」（美しい調和）と英訳された令和。しかし「令」は厳密には当てはまる英語がないという。令は「うるわしい」という意味で、単に美しいというのではない、もっと深い意味があるという。「令和」という元号は、まことに奥深い意味が込められた、新しい時代の目標となる価値観なのだ。

あらゆる人、あらゆる国の、あらゆるものとビューティフル・ハーモニーを奏でながら、今ある平和の上に、さらにうるわしい世の中を築いていきたいものだ。その発信地が「太宰府」ということも、何か歴史の縁《えにし》が感じられてならない。

詠まれた和歌とその周辺

天平二（七三〇）年正月十三日、大宰帥大伴旅人邸に集まったのは、大宰府の官人や大宰府が管轄する九州諸国の役人三十二人。

序文に続いて、宴は大弐紀卿《だいにきのきょう》（紀男人《きのおひと》）の歌で始まった。

正月《むつき》立ち春の来《きた》らば斯《か》くしこそ梅を招《を》ぎつつ楽しき終《を》へめ

この歌が、奈良時代の琴歌（琴にあわせてうたう歌）を集めた『琴歌譜《きんかふ》』の「あらたしき年のはじめにかくしこそ千歳をかねて楽しき終へめ」に似ていることが指摘されている。蘭亭の曲水の宴ではなかった管弦が、梅花の宴では奏でられたのかもしれない。

太宰府天満宮にある大伴旅人の歌碑

紀男人に続いて三十二人が次々に和歌を詠んでいった。後の歌は前の歌を受け、それからそれへと歌遊びの場は楽しくもゆくりなく展開していった。一首の歌だけ採りあげればそれほどの名作は少ないように思われるが、全体としてのひとまとまりは、素晴らしい作品となっている。

この宴で、主人《あるじ》大伴旅人は八番目に、

わが園に梅の花散るひさかたの天より雪の流れ来るかも

と、折りからの風に、雪と見まごう白い花びらを散らす園の梅を、情感豊かに詠い上げている。ところが、この歌を承《う》けた大宰大監大伴百代《おおとものももよ》は、

梅の花散らくは何処《いづく》しかすがにこの城《き》の山に雪は降りつつ

と、「梅の花が散っているってどこなんだい。この城のある山（大野山）

には雪が降っているのに」と茶化して続ける。

また、旅人の前に歌を詠んだ笠沙弥《かさのしゃみ》（満誓《まんぜい》）は、

青柳《あおやなぎ》梅との花を折りかざし飲みての後は散りぬともよし

と、花を愛でながら、こうして楽しく飲んだ後は散ってしまってもいい。「今が最高だ」と主人大伴旅人に詠いかける。

こんなふうに、一座楽しく宴は進んでいったのだが、ひとり山上憶良は一味違う歌を詠んでいる。


春さればまづ咲く宿の梅の花独り見つつや春日《はるひ》暮さむ

「春が来たならば、真っ先に咲く庭の梅を、一人で見ながら春の日を暮らすことであろうか」と。しかし三十二首中、この歌がもっとも旅人に心を寄せたと歌だとも評されている。

大伴旅人は赴任して間もなく愛妻大伴郎女《おおとものいらつめ》を亡くした。

凶問にこたえる歌

世の中は空しきものと知る時しいよよますます悲しかりける

という旅人の歌に感動した山上憶良は、嘉摩《かま》の郡役所（現・福岡県嘉麻市）において神亀五（七二八）年七月二十一日、旅人の亡き妻に捧げる「挽歌」をつくり、同日、「嘉麻三部作」をつくった。「惑へる情《こころ》を反《かへ》さしむる歌」（巻五・八〇〇、八〇一）、「子等を思ふ歌」（巻五・八〇二、八〇三）、「世間《よのなか》の住《とどま》り難《がた》きを哀《かな》しぶる歌」

学校院跡にある「子等を思ふ歌」の歌碑

（巻五・八〇四、八〇五）は、それぞれに「惑」「愛」「無常」という仏教思想を表現したものであり、憶良の最高傑作といわれる。

ことに「子等を思ふ歌」は、今日なお多くの人に愛され、『万葉集』の中でも最もよく知られた歌である。

瓜食《は》めば　子ども思ほゆ　栗食めば　まして偲《しの》ばゆ　何処《いづく》より　来たりしものぞ　眼交《まなかひ》に
もとな懸かりて　安眠《やすい》し寝《な》さぬ
（巻五・八〇二）

反歌

銀《しろがね》も金《くがね》も玉も何せむに勝れる宝子にしかめやも
（巻五・八〇三）

これ以後、旅人と憶良は互いに歌を詠み合い、刺激を受け合いながら歌の境地を高めていった。『万葉集』中、旅人の歌七十六首、憶良の歌七十二首。そのほとんどが大宰府で詠まれた。旅人の離任にあたって憶良は、

敢へて私の懐《おもひ》を布《の》ぶる歌三首

天《あま》ざかる鄙《ひな》に五年《いつとせ》住《すま》ひつつ都の風習《てぶり》忘らえにけり
（巻五・八八〇）

斯《か》くのみや息衝《いきづ》き居らむあらたまの来経《きへ》往《ゆ》く年の限り知らずて
（巻五・八八一）

吾《あ》が主《ぬし》の御霊《みたま》賜ひて春さらば奈良の都に召上《めさ》げ給はね
（巻五・八八二）

こんな歌で歌いかけるほど憶良は旅人と心通わせていたのだろう。またこ

の歌は宴席の皆がいる前で披露されたともいう。それならば、皆の気持ちを代弁した最高のユーモアである。

当時まだローティーンだった大伴家持《やかもち》は、父の身近にいる山上憶良から多くのことを学び、尊敬していたという。大宰府における旅人と憶良の出会いは、万葉筑紫歌壇を生み、『万葉集』をも生んだのである。

天平勝宝二（七五〇）年三月、越中守として現在の富山県高岡市にいた三十二歳の家持は、ちょうど二十年前の大宰府での「梅花の宴」を思い起こし、次のような歌を追和《ついわ》している。

筑紫の大宰の時の春の苑の梅花に追和する一首

春のうちの楽しき終《を》へば梅の花手折《たお》り招《を》ぎつつ遊ぶにあるべし　（巻十九・四一七四）

また弟の書持《ふみもち》も、天平十二（七四〇）年十一月、「追ひて大宰の時の梅花に和《こた》ふる新しき歌六首」（巻十七・三九〇一―三九〇六）をつくっている。

み冬継ぎ春は来たれど梅の花君にしあらねば招《を》ぐ人もなし　（三九〇一）

御園生《みそのう》の百木《ももき》の梅の散る花し天《あめ》に飛び上がり雪と降りけむ　（三九〇六）

六首のはじめに、「冬を重ねて、今年も春は来たけれど、父君はもういないので梅の花を招いて宴をひらいてくれるような人もいない」とその寂しさを詠い、最後に梅花の宴での父旅人の歌を思わせる歌を和している。

梅花の宴は、幼い二人にとっても忘れられない思い出となるほど、特別の宴だったのだ。

甦る梅花の宴

新元号発表以来、大宰府展示館にある梅花の宴再現ジオラマは、度々テレビで放映されすっかり有名な存在になった。盃を傾ける大伴旅人や、髭かきなでる山上憶良の人形は十分アップに堪え、制作されて三十年の年月を感じさせない。さすがは博多人形師山村延燁《やまむらのぶあき》師の力量だと、改めて人形たちを見つめ直している。

このジオラマは、先に述べた大宰府展示館開館十周年記念特別展「梅花の宴――遠の朝廷の食と衣」開催時に制作した展示の一つである。当時私は、大宰府展示館の学芸員で、ジオラマの制作に携わった。当初は、奈良時代の宴の様子を形にするなど全く雲をつかむような話で、他館の友人からも「どうやって?」と、不可能だと言わんばかりの言葉を投げかけられた。

しかし大宰府展示館を管理運営する財団法人古都大宰府を守る会（現・公益財団法人古都大宰府保存協会）の機関誌『都府楼《とふろう》』に、当時、「大宰府と万葉集」を連載していただいていた福岡女学院短期大学の前田淑《よし》先生から、国文学者・伊藤博《はく》氏や後藤和彦氏、大久保廣行氏らの論文をご教示いただいた。これらの論文では、「梅花の歌三十二首」の歌の展開や人名の表記の仕方、ことに「主人」大伴旅人が八番目に歌を詠んでいることなどをもとに、当日参宴者がどのような座席にいたかの考察があった。後藤氏は円座と対座の二案出されているが、いずれも一座と考え、伊藤氏、大久保氏は上座と下座、つまり二つのグループがあるとする案であった。

これらの説を検討した結果、都留文科大学の大久保廣行氏が挿頭歌《かざしうた》に注目して考えられた席順案と、官職によってふり分けるという、私が別の方法で試みた席順案とが図らずも一致したことや、大久保氏が、挿頭歌は実際庭の梅を手折り挿頭して、舞を舞いつつ歌を詠じたものであると想定されているところがおもしろく、変化のあるビジュアルな表現が可能と考え、この席順案によって山村延燁師に作ってもらったものである。

着ている衣服は「養老衣服令《ようろういふくりょう》」から位階による朝服《ちょうふく》（平常時の制服）を着せ、参宴者の年齢は「古代人名辞典」などでわかる範囲考察した。この時代、衣服は身分の標識であり、衣服の色や帯飾りなどは身分によって定められていた。また役職に就くには、「官位相当《かんいそうとう》」といって定められた位階があった。大宰府官人の役職・官位相当・それによる衣服の色は次頁の表のとおりである。

上座中央に座るのは大宰帥大伴旅人。官位相当は従三位《じゅさんみ》だが、梅花の宴の時は正三位で、衣色は浅紫である。「酒を讃《ほ》むる歌十三首」（巻三・三三八―三五〇）があることから酒好きとみて、盃をかたむけている。旅人の後ろに座する黄衣の僧侶は造観世音寺別当沙弥満誓。出家前は笠朝臣麻呂《かさのあそみまろ》といい、美濃守などを務めた有能な官吏で、従四位《じゅしい》上まで進んだ。旅人とは非常に親しい仲、在俗中の官位も高いということで、旅人の側に座らせている。

最初に歌を詠んだ大弐紀卿は、紀男人と考えられている。大弐の官位相当は正五位《しょうごい》上であるが、紀男人は当時正四位下《しょうしいげ》であり、衣服は深緋《こきひ》。濃い赤色の衣服を着せた。『万葉集』では「大弐紀卿」となっているが、「卿」は三位以上の人のこと、なぜ紀卿といわれたのだろうか。次の少弐小野大夫《たいふ》は小野老《おののおゆ》。少弐は従五位下相当であるが、小野老はこの時、従五位上、翌年には正五位下になっている。五位は浅緋。「浅」とは染の回数が少なく、何度も染めて濃い色とする四位の緋色とは異なる。大夫は五位以上の官吏を指す称号である。

もう一人の少弐、粟田《あわたの》大夫は粟田人上《ひとかみ》もしくは必登《ひと》と考えられている。次は筑前守山上憶良である。「貧窮問答歌」に「しかとはあらぬ髭かきなでて」とあることから、そのイメージで作った。

国には大国・上国・中国・下国の区別があり、九州で大国は肥後だけ。筑前・筑後・肥前・肥後・豊前・豊

大宰府の官人と衣服

職名	定員	職掌	位階	衣色		部内所司
大宰主神	1	祭祀	正七位下	浅緑		主神司
大宰帥	1	長官	従三位	浅紫	四等官	
大宰大弐	1	長官の補佐	正五位上	浅緋		
大宰少弐	2	長官の補佐	従五位下	同上		
大宰大監	2	一般事務	正六位下	深緑		
大宰少監	2	一般事務	従六位上	深緑		
大宰大典	2	書記	正七位上	浅緑		
大宰少典	2	書記	正八位上	深縹		
史生	20	一般事務				
大宰大判事	1	裁判	従六位下	深緑	品官	公文所
大宰少判事	1	裁判	正七位上	浅緑		
大宰判事大令史	1	裁判の書記	大初位上	浅縹		
大宰判事少令史	1	裁判の書記	大初位下	同上		
大宰大工	1	営繕	正七位上	浅緑		匠司
大宰少工	2	営繕	正八位上	深縹		
大宰博士	1	官人の養成	従七位下	浅緑		府学校
大宰陰陽師	1	占い	正八位上	深緑		
大宰医師	2	医師	正八位上	深縹		薬司
大宰算師	1	経理	正八位上	同上		
防人正	1	防人の長官	正七位上	浅緑		防人司
防人佑	1	長官の補佐	正八位上	深縹		
防人令史	1	書記	大初位下	浅縹		
大宰主船	1	船舶の修理	正八位上	深縹		主船司
大宰主厨	1	食糧	正八位上	同上		主厨司
	計50					

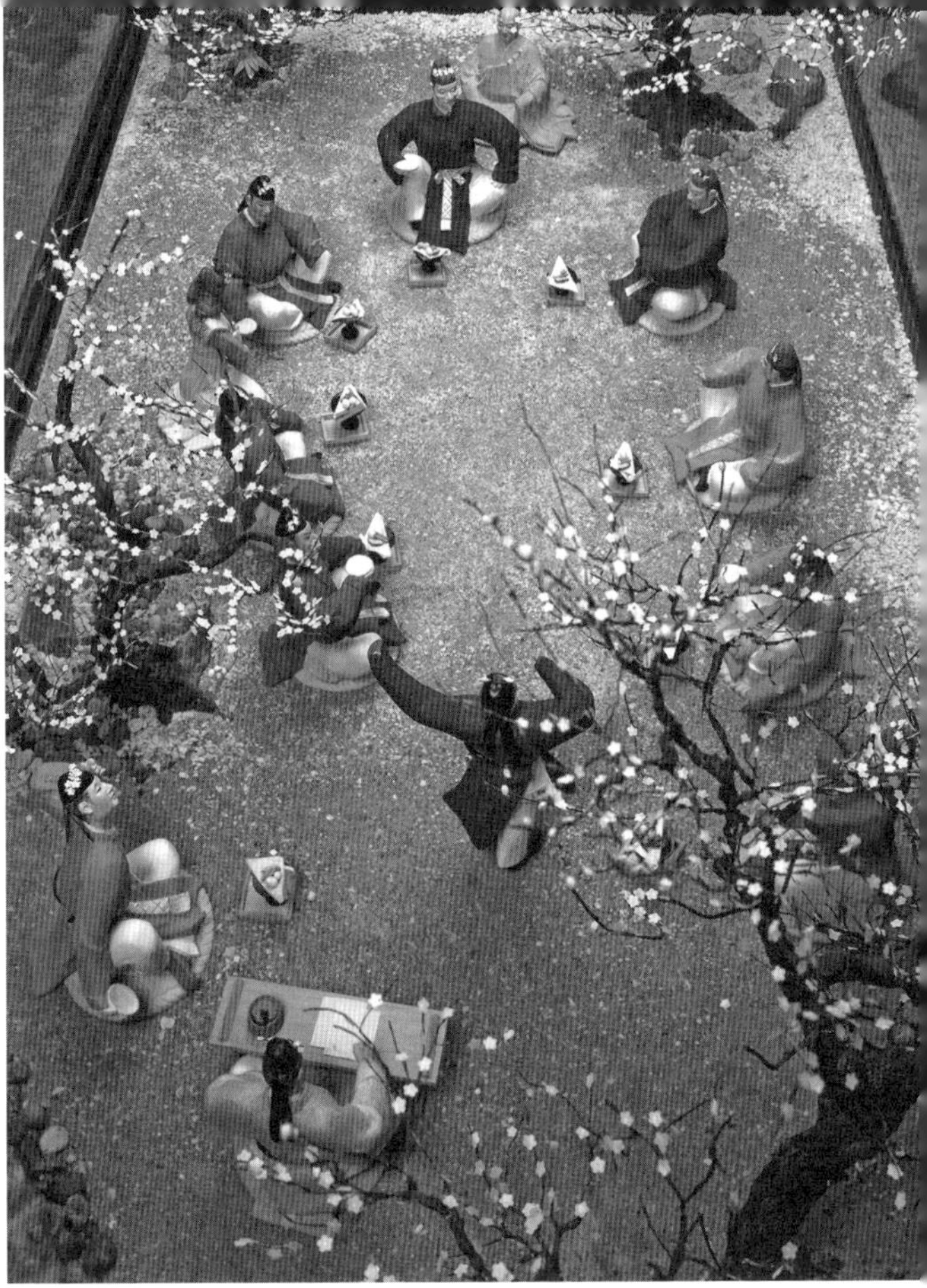

博多人形による梅花の宴再現ジオラマ
（山村延燁作、古都大宰府保存協会蔵）

後は上国である。上国の守は少弐と同じ従五位下相当である。衣服の色が若干濃いのは、その時の染の具合とご理解いただきたい。憶良の後に、豊後守大伴大夫（大伴三依《みより》？）、筑後守葛《ふじ》井《いの》大夫（葛井大成《おおなり》）が歌を詠んでいるが、製作上の都合によりこの二人はジオラマでは表現されていない。次が沙弥満誓で、ここまで、つまり旅人より前に詠んだ人七人が正客と考えられ、名前の表記が役職名＋姓＋位を示す称号となっている。ジオラマでは旅人の左手が正客である。これは右より左が上席だからである。

それ以下は名前の表記が、役職名＋姓の一字＋氏＋名、末席の三人は姓＋氏＋名となっている。相伴役、陪席者と考えられており、旅人の右手に座らせた。旅人のすぐ右横は、大監大伴百代、正六位下。次は少監阿氏《あしの》（阿倍？）奥嶋《おきしま》、従六位上。少監土氏（土師）百村《ももむら》、従六位上。六位は深緑の衣服。次は大典史氏《ししの》（史部？）大原、正七位上。七位は浅緑の衣服である。以下、上座には少典山口若麻呂、大判事丹氏《たんじの》（丹比？）麿を配すると正客と人数があうが、この二人もジオラマにはいない。大判事丹氏麿の次に、二人いる薬師のうちの一人張福子《ちょうふくし》が歌を詠んでいる。もう一人の薬師高氏義通はそこから六人後なので、ここにも問題がある。おそらく渡来人である薬師張福子は旅人の侍医、お気に入りで、上座の世話役として侍《はべ》っていたのではないかと考えられている。

大監と少監の間にいる女性は遊行女婦《うかれめ》児島。参宴者は全員男性なので、宴席に侍る遊女で、旅人と歌を詠み合い『万葉集』にその名が見える児島を配してみた。また挿頭歌は、梅の枝を手折り冠に挿しつつ、舞を舞いながら披露したという大久保氏の説を採り、深縹《こきはなだ》色の衣服を着た八位の誰かが下座から旅人の前に出て舞を舞いつつ歌を披露している様子を表現した。さらに梅花の宴の歌は、はじめから記録することが定められていたと想定されるため、書記役を置いた。書記役は史生《ししょう》。大宰府には無位の史生二十人が配置された。無位の色は黄色・褐色・黒など考えられたが、ここでは黄色にした。

下座は「万代《よろづよ》に年は来経《きふ》とも梅の花絶ゆることなく咲き渡るべし」という筑前介《ちくぜんのすけ》佐氏《さし》子首《こびと》の歌で始められたと想定されているが、この歌は上座の締めくくりでもよいような気もする。以下は官位順に歌が披露されるのではなく、ほぼ「養老職員令《じきいんりょう》」に記される役職順に披露されており、これが大久保氏の試案とほぼ一致したのには驚きを覚えた。

実際形にするには延燁師のさらなる研究もあって、梅花の宴の華やかで楽しい雰囲気が伝わってくるような出来となった。宴席に座す人の前には酒の肴が高坏に載せて置かれていて、盃をめぐらせながら進んでいった歌詠みの場の雰囲気を演出している。

今日、このジオラマが多くの人々をひきつけているのも、一三〇〇百年前の楽しい宴の様子に、現代人も心を寄せることができるからであろう。梅花の宴で筑前介佐氏子首が詠ったように、一三〇〇年近い時を経てなお、梅花はますます美しく、太宰府の地に馥郁《ふくいく》たる香りを放っているのである。

饗宴の膳

平成三（一九九一）年の特別展「梅花の宴――遠の朝廷の食と衣」でもっとも力を入れたテーマは、「梅花の宴の時どんなご馳走が出されたであろうか」ということであった。

まず木簡や正倉院文書・万葉集・風土記・古事記・日本書紀・延喜式などの史資料から食品名を抽出することから始めた。ことに木簡は万葉の時代を知る一級資料で、大宰府でも、糯米《もちごめ》・大豆・烏賊《いか》・多比（鯛）・生鮑・鯖・都備《つび》（巻き貝）・軍布《め》（わかめ）などの食品名が記された木簡が発掘されている。鴻臚館跡で出土した甲羸《うに》煮（茹でウニ）や鹿脯乾《かのほじし》（鹿の干し肉）などと書いた木簡は、具体的な調理法を記したもので、鴻臚館ではこういうご馳走が出されたのだと思いを巡らせる。当時奈良では長屋王邸の発掘で多量の木簡が見つかり、その中に食品名の記されたものも数多く、それらと合わせて飛鳥・藤原地域、平城京出土の木簡については、国立奈良文化財研究所の渡辺晃宏氏に多大なご教示をいただいた。これらによって、再現に使用する食材を決め、二年がかりで復元に取り組んだ。

原種の野菜は、九州大学農学部の藤枝国光教授にご教示いただき、それに近い種・苗の手配は福岡県農業総合試験所の協力を得、史跡地の地区「観世」「坂本」「国分」の農業婦人グループ「なのはな会」が、その栽培、史料をもとに漬物や醬《ひしお》つくりに取り組み、男性は四季折々の山に入っては木の実を採取、乾燥加工をし、あるいは池の水落としでは鮒《ふな》を捕って鮒鮨を作った。

醬《ひしお》酢《す》に蒜《ひる》つきかてて鯛願ふわれにな見せそ水葱《なぎ》の羹《あつもの》　（巻十六・三八二九）

醤と酢を合わせ、ノビルのみじん切りをつきまぜたソースに鯛の刺身をつけて食べたい私に、ミズアオイの汁物なんかは見せないでくれよ。

万葉人の好みを詠った歌としてよく引き合いに出される、長忌寸意吉麿《ながのいみきおきまろ》のユーモア溢れるこの歌は、当時の調理法を知るうえでも貴重な歌だ。現代の私たちにだっておいしそうに思える献立。「やっぱり同じ日本人だ、一〇〇〇年以上も昔の人も現代の私たちも同じだ」と思ってしまうが、伝統的な日本の味「おふくろの味」として連想する煮物は、この時代にはまだない。「煮る」は「茹でる」ことである。はじめから調味料を入れての調理はせず、生、あるいは焼いたり、茹でたりしたものに、塩、酢、醤といった調味料を好みに応じて加減してつけて食べた。「塩梅《あんばい》する」という言葉はここからきた。またこの時代は朝夕二回しか食事をしなかった。間食をとるのは重労働をする人たちだけというのも現代とは違う。そんな基礎知識を基に、『延喜式』『和漢三才図会』などの史料を参考に、試行錯誤を繰り返しながら41ページの写真のような饗宴の膳をつくった。

梅花の宴では、歌詠みの場で盃も回り、軽い酒の肴も出たであろう。そして歌会終了後に「饗宴の膳」としてご馳走が出たであろうという想定である。

ジオラマの人形の前に置かれた黒漆塗りの高坏に盛られているのは酒の肴、鯖の楚割《すわやり》・のし鮑《あわび》・塩鯨・百合根の梅肉和え・タラの芽の素揚げである。のし鮑は鮑の肉を薄く伸《の》し乾燥させたもの。熨斗袋の黄色い部分は本来これだった。『延喜式』には多種多様な鮑の加工品が載せられている。鯨は当時九州近海でも捕れた。保存のために塩漬けにしている。油は、当時胡麻油と荏胡麻油があった。素揚げは胡麻油で揚げた。

酒の肴では鯖の楚割《すわやり》を準備したが、楚割は大型魚を三枚に下ろし縦割りして乾燥させたもの。折敷の左上の土師器の皿には鮭の楚割・鹿の脯《ほじし》・雉《きじ》の腊《きたい》が盛られている。現在では「干物・乾物」で一括りの乾燥食品だが、脯は大型動物をブロックに切り分け乾燥したもの、腊は小型動物の丸干し。ちなみに現在、ダシを取ったりするイリコは「雑魚《ざこ》の腊」といった。

干物の皿の横は鮎鮨《あゆずし》、サザエの火焼《ほやき》である。鮨は今日いう寿司ではなく「なれ鮨」である。魚を塩漬けした後、ご飯につけ込み重い重石をして発酵させたもの。実験では鮒鮨《ふなずし》を作った。

折敷右上の高坏には檜葉と一つ葉を敷き「膾《なます》」を盛っている。鯛・烏賊の刺身にワカメ・ツノマタ、野菜は生の大根を添えた。『延喜式』には、調《ちょう》、つまり税として収める食品を記しているので加工品がほとんどで、生魚の記載はないが、海に近い大宰府では、当然生魚も多く摂取されたであろう。

膾盛の前は「蘇」である。『延喜式』によると、大宰府および四十六カ国を六区分し、六年に一度十一月までに、その国の割当量の蘇を都に貢進することが定められていた。大宰府は五番目で、七十壺の蘇を巳年と亥年に納めることになっていた。製法は「一斗の乳を煎じて一升の蘇を得る」とあるので、十分の一に煮詰めるということだ。甘味をひかえたミルクキャラメルという感じだが、お菓子ではない。『養老令』では、宮廷の医療を司った典薬寮に、「乳戸《にゅうこ》」が置かれていた。

蘇の左は、索餅《むぎなわ》、小豆、ノビルを和えたもの。索餅は小麦粉と米粉に少量の塩を入れて捏《こ》ね、細い紐状にしたものをひねり合わせて茹でたもので、うどんの元祖といったらよいだろう。この時代、粉食もすでに中国から製法が伝わっていた。貢物として納める時は乾燥していたらしい。

鮑の蒸し物の横は根菜類の茹で物。その横は漬物の皿。アザミ・ヨメナの塩漬け、ウリの粕漬け、カブ・タデの葅《にらき》である。漬物は保存を第一目的としているので、塩漬けは現代の物と比べれば、かなり辛い。ところがウリの粕漬けは『延喜式』に瓜一石に対して塩二斗二升、糟《かす》四斗六升とある。容量で記されたこの分量を重量に換算し実験してみると、「瓜を縦割りにして中の種を取り除き、そのフネいっぱいに塩を入れ、瓜と同量の

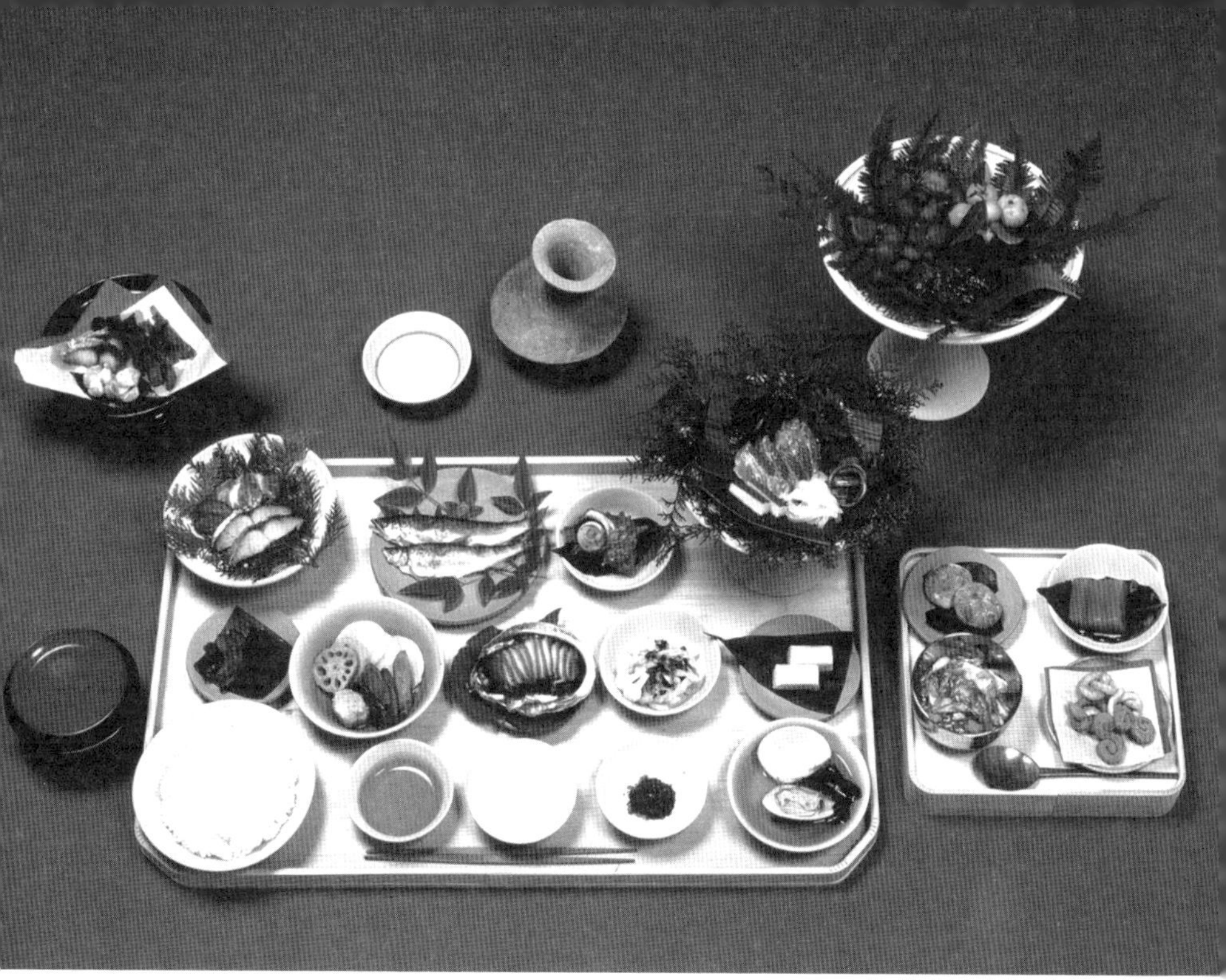

再現された饗宴の膳（古都大宰府保存協会蔵）

糟につけ込む」のだと、なのはな会のメンバーがお姑さんに習ったのと同じだった。なんと、瓜の粕漬けは一二〇〇年以上も同じ製法が代々受け継がれてきたのだ。

茹は葉っぱ類を楡《にれ》の木の皮の粉末につけた物で、藤原京では「楡皮」、平城京では「茹」と書かれた木簡が出土しているので、かなり盛んにつくられたのであろうが、数百年前に絶えてしまったという。もう一つ「須々保利《すずほり》」も絶えた漬物だが、カブや大根の根を一昼夜塩漬けにした後、米粉または大豆のひいたものに漬け、重石をかけ自然に発酵させた漬物。須々保利は糀《こうじ》を使う醸造技術を我が国にもたらした朝鮮半島からの渡来人仁番《にほ》のまたの名を須須許里《すずこり》といい、彼が酒造りとともに教えたものだといわれている。須々保利漬けの米の粉がやがて米糠《こめぬか》に代わり、沢庵漬けとなっていった。

漬物の前は白米のご飯。古代米としては赤米のご飯とも思ったが、饗宴ということで白米にした。古代食を再現した頃、赤米は対馬の豆酘《つっ》、種子島の茎永《くきなが》、岡山の総社で神事として栽培されているに過ぎなかった。私たちは、対馬と種子島で栽培されている二種類の赤米の苗を、農業総合試験場のお世話で史跡地の田んぼに子どもたちと植え、収穫し、政庁跡での梅花の宴では参宴者に振る舞った。対馬の赤米は秋のはじめごろ、赤い芒《のぎ》を出し、とてもきれいだ。最近は「赤米の花見」があちこちで行われている。一方、種子島産は茎が長く芒がない。「茎永」という地名は、ここからきたという。

ご飯の横は酢・塩・醤《ひしお》の調味料。塩は宝満山などで出土した玄界灘式製塩土器を実際に復元製作し、それで海水を煮詰め、焼きしめ、塩を作った。酢を作るには醸造技術が必要であり、庶民にとっての酸味はむしろ柑橘類の汁が身近なものであったろう。現在ではちょっとお洒落に思えるスダチやカボスの方が手に入りやすく、酢は庶民の口にはあまり入らなかったのではなかろうか。

次の醤は味噌・醤油のルーツとされる。今日、日本料理を特徴付ける調味料であり、日本古来のものと思われる味噌・醤油もルーツを遡れば外来のもの。正倉院事務所調査室長の関根真隆《しんりゅう》氏は『奈良朝食生活の研究』で「大豆耕作を携えて渡来した人々によってわが国での醤醸造史が始まった」と述べておられる。再現では『延喜式』に記された材料・分量をもとに、『和漢三才図会』にある製法を参考に筑紫農業改良普及所の田代浩子さんの指導でなのはな会が醤造りに挑戦した。「大豆一斗を炒り、粗くひいて皮を去る。ついた麦一斗を一夜水に浸し、豆と麦を混ぜ合わせて麴に寝かせる。別に塩二升六合と水一斗を一沸かしし、滓《おり》を取り去って冷やし、豆麦と合わせて桶に入れ、毎日陽に向けてかき混ぜ、十余日して密封すること二十日にして、比之保末《ひしおま》醤となる」。大豆の皮を剝ぐことも、毎日陽に当てることも、温度管理も大変面倒なことだが、手間暇かけた分だけ、今日ではなかなか味わえないまろやかな味になった。

調味料の右にあるのは羹《あつもの》。ただし意吉麿《おきまろ》のきらいな水葱《なぎ》ではない。蛤《はまぐり》とワカメの潮汁《うしおじる》だから相当おいしい。

折敷の外にある高坏には、橘・干し柿・干し棗《なつめ》・蓮の実・栗など木菓子が載せられている。お菓子の神様・田《た》道間守《じまもり》が垂仁天皇の命令で常世国《とこよのくに》に赴き、求めた非時香菓《ときじくのかぐのこのみ》とは橘のことだった。古くは「菓子」と言えば「果実」のことだった。

小さな折敷はデザート盛り。心太《こころぶと》（トコロテン）、草餅、唐菓子《からくだもの》、薯蕷粥《いもがゆ》である。草餅といえば、皮に蓬《よもぎ》をつきまぜた草餅を思うが、蓬は苦く、砂糖など甘味料が発達してからでなければ食べられない。この時代は母子草（ゴギョウとも呼ばれる春の七草の一つ）を入れたという。母子草は、それ自体にほのかな甘さがある。

唐菓子は名の通り中国伝来の菓子で、小麦粉に蜂蜜・甘葛《あまずら》などを加え捏ね、整形して油で揚げた菓子。形状によって、餢飳《ぶと》・梅枝《ばいし》・環餅《まがり》・結果《かくなわ》など様々な名称があるが、写真では手前にあるのが環餅、奥の輪に結んだものが結果である。

奈良時代の貴族の食事には、粉食、発酵、醸造、油の使用など、海外交流によってもたらされた技術なしには作ることができない食品が多々含まれている。

最後に、日本独自の食品で、遣唐使が唐の皇帝へのお土産として持参したという甘葛と、それを使って作った「薯蕷粥《いもがゆ》（芋粥）」について述べておこう。

甘葛は『枕草子』や正倉院文書の「薩摩国正税帳」「駿河国正税帳」などに記載があるが、中世に絶えてしまい、ながらくその実態が謎とされていた古代甘味料である。昭和の終わり頃、小倉薬草研究会の石橋顕《あきら》氏は、それが冬落葉するブドウ科のツタの樹液を原料とすることを突き止められた。同じ頃、九州歴史資料館の高倉洋彰氏は観世音寺文書に文永三―八（一二六六―七一）年にかけて観世音寺領金生封《かなおのふ》から東大寺に年貢米とともに甘葛二久里が納められている記録を発見された。

お二人のお話を承け、古都大宰府を守る会では、石橋氏のご指導の下、観世音寺で甘葛採取のイベントを開

甘葛再現

催した。観世音寺境内ばかりでなく、山の中へも探しに出かけ、樹にへばりついたツタを剝がし、三〇センチほどに裁断して、息を吹き込み樹液を出す。二〇〇人もの人が無心に息を吹き込み続けること四時間。やっと二リットルほどの甘葛の「未煎《みせん》」がとれた。未煎を煮つめて糸を引く状態にまでトロッとさせると「甘葛煎」のできあがり。蜂蜜のように甘く、しかも蜂蜜のように後口に残らない。さっぱりとして上品でこの上もなくピュアな味だった。清少納言が、中宮定子がかき氷に甘葛をかけて召しあがる様子を「あてなるもの」と表現したのも宜《むべ》なるかなである。

一カ月後、政庁跡で催した梅花の宴では、この甘葛の味煎を惜しげもなく使い、芋粥を作った。この「芋粥」は『今昔物語』や『宇治拾遺物語』にある「一生に一度で良いから、芋粥を飽きるほど食べたいと願った男」の話、あるいはそれをベースにした芥川龍之介の短編小説『芋粥』にある芋粥で、もちろん、終戦直後の食糧難の時代に食べた薩摩芋の芋粥ではない。未煎の中に自然薯を削ぎ入れ、さっと煮立てた超高級料理だ。他所の古代食復元でも出されたことがない、メイン献立となったことは言うまでもない。

あれから三十年、太宰府では甘葛採取は行われていないが、奈良女子大学の前川佳代氏が石橋氏ご生前に教えを乞い、平成二十三年に奈良女子大学甘葛煎再現プロジェクトを立ち上げ、福岡市博物館で開催された「鴻臚館展」など、様々な場で広めてくださっている。

旅人邸――梅花の宴の開催地はどこ?

今や「令和の聖地」となった坂本八幡宮。境内入り口には「坂本八幡宮」という立派な石標、新元号発表時に菅義偉官房長官が掲げた「令和」の文字を揮毫した茂住修身氏の筆になる記念碑も新たに建てられ、訪れる人は引きも切らない。一体、いつからここが「旅人の邸宅跡」と伝えられているというのだろうか。

江戸時代の地誌や紀行文を見ても、そのことは一切出てこない。旅人の邸が坂本八幡宮辺りにあったとする説は意外と新しく、戦後の昭和二十七（一九五二）年『太宰府小史』において北海道大学教授・竹岡勝也氏が考証されたものである。

> 次に帥や大弐の館であるが、これも今日尚定説を見るには至らない。都府楼址の西北に、藏司の丘と坂本とを結ぶ台地あり、この付近一帯を今日内裏なる地名を以て呼んで居る。正に朝堂院に対する内裏の位置に当たる地点であって、この台地には今日八幡宮があり、その近くに一つの礎石を遺して居る。附近には相当の広範囲に亙って瓦や土器の破片が散乱し、当時何物かゞあった事を想像させる場所であるが、この台地こそは帥や大弐の館の址であると考えられない事もない。その位置が相応しいといふのみならず、大伴旅人の歌に、こゝならば当てはまるもの何首かゞある。（中略）これらの歌において注目されるものは、「吾が丘の」、或いは「岡傍には」といふが如く、丘なる言葉がしばしば使用されて居る事である。

この説が、全国の万葉ファンが万葉の故地《こち》を訪ねる時、必ずといってよいほど携える犬養孝氏の『万葉の旅』や、地元ファンが多かった郷土史家・筑紫《ちくし》豊《ゆたか》氏の『九州万葉散歩』、大宰府発掘のバイブルともいえる鏡山猛《かがみやまたけし》氏の『大宰府都城の研究』にも紹介され、坂本八幡宮の地が旅人邸の旧蹟として定着したのだ。

大宰府発掘一〇〇次調査は、昭和六十一年、旅人の館を掘り出そうと期待をもって始められた。坂本八幡のすぐ裏で行われた発掘は、後世の削平によって遺構・遺物が完全に消失していた。続いて行われた周辺調査の結果は、残念ながら発掘技師たちに「ここが旅人の邸宅跡といえるのだろうか」と疑問を抱かせるものだった。

坂本八幡宮（小久保洋介氏撮影）

平成十（一九九八）年、五十年ぶりに新たな旅人邸推定案が発掘調査に携わった赤司善彦氏によって出された。それは、政庁跡東の月山《つきやま》の裾に広がる月山地区官衙《かんが》跡（役所跡）である。その論拠とされているのは、まず、竹岡説も論拠とした『万葉集』の歌である。

大伴旅人の歌には、たとえば「わが岡にさ男鹿《おしか》来鳴く初萩の花嬬問《つまと》ひに来鳴くさ男鹿」（巻八・一五四一）とか「わが岳に盛りに咲ける梅の花残れる雪をまがへつるかも」（巻八・一六四〇）というように、「わが岡」あるいは「岡傍」という表現をしたものが数首あり、旅人の邸宅が丘の上か岡の辺にあったことを思わせる。竹岡説では、月山には漏刻《ろうこく》（水時計）が置かれていたとして、月山を避け、蔵司《くらのつかさ》の丘に連なる坂本八幡宮周辺を推定されたが、赤司説では、難波京や平城京など他の遺跡との比較検討から、その「岡」を月山ではないかとしている。

月山地区官衙跡は、東西一一〇メートル、南北七〇メートルの四角形に月山丘陵を取り込むように柵列《さくれつ》で区

月山地区官衙跡

画している。難波京での三位（大宰帥の官位は従三位）の邸宅の敷地面積は半町から一町、一一〇メートル四方前後と考えられている。月山官衙は南北が短いが、面積は位階による宅地面積にほぼ一致している。また平城京では高位の者ほど宮城近くに住み、藤原不比等《ふひと》の邸宅は平城宮の東に隣接していた。政庁の東に隣接する月山の地は大宰府で最も高位の帥の宅地の立地としてふさわしい。外郭施設が完結した方形区画を採用せずに、あえて丘陵を取り込んだ空間配置は、丘陵を強く意識した意図がありそうだ。隣接する大宰府展示館にある石組の溝は苑池《えんち》への引き込み溝とも考えられる。等々のことから、未だ確証は得られていないものの、帥の邸跡の有力候補とされている。

　さらに西鉄二日市駅操車場跡地の発掘により、客館跡を掘り出した太宰府市教育委員会の井上信正氏は、「吾が丘」を菅原道真公の子隈麿《くままろ》公の奥津城《おくつき》のある丘だとして、朱雀大路を挟んだ榎社《えのきしゃ》の東側との説を出されている。ここからは、三位以上（大宰府では帥だけ）に許された「白《はく》玉帯《ぎょくたい》」が出土している。

　しかし、いずれの説も決め手に欠けていて、やはり一番古くから言われている坂本八幡宮の地が、聖地巡礼に格好の小さな神社があり、また風景も、政庁の後背地にあって、一段高く、見晴らしもよく、付近には梅林がしつらえられ、万葉梅花の宴に想いを馳せるには好適地であることにまちがいないであろう。

　全国の万葉の故地を教え子とともに旅された犬養孝氏は、ここ大宰府へは何度も足を運び、国分寺から「万葉の小道」を伝って坂本へ抜け、坂を下ると決まって坂本八幡宮で休息された。そして眼前に広がる大宰府政庁跡の広々とした風景を眺めながら、旅人・憶良の昔に想いを馳せられたという。

筑紫歌壇の歌

『万葉集』の歌は、『古今和歌集』や『新古今和歌集』など平安時代の歌と違って、技巧的でなく、自然を詠い、あるいは心情をすなおに吐露したものが多い。しかも詠まれた場所は都だけではなく、全国各地にわたっている。また天皇から庶民まであらゆる階層の人の歌が収められている。それだから現代人にもわかりやすく、万葉ファンも多い。というのが大方の万葉評である。もちろん筑紫万葉歌にもそうした歌は多い。しかし、そうとばかりもいえない歌も多々あるのだ。

たとえば、松浦川（今の玉島川）で繰り広げられる、青年貴族と鮎を釣る乙女たちの恋の歌のやりとりという形でストーリーが展開する「松浦河仙媛歌《まつらがわせんえんのうた》」。これは、松浦川の七瀬の淀という幽邃《ゆうすい》の地を舞台に、中国の張文成の『遊仙窟』の話と、この川に伝わる神功皇后が戦の勝利を占って鮎釣りをしたという「垂綸石《すいりんせき》」伝説をベースに、おそらく大伴旅人が創作した歌群だといわれている。

また天平元（七二九）年十月七日、旅人は藤原房前《ふささき》に対馬の結石山《ゆゆしやま》の梧桐《あおぎり》の木で作った日本琴を贈ったが、琴の精が夢で自分に歌を贈答したという話をそれに添え、「だからこの琴は、あなた様のような立派な方に可愛がってほしいのです」との気持ちを込めている。これも中国の神仙思想の影響を受けて創作された歌物語である。贈物をするにも、こんな洒落た手を自在に使える旅人の人柄と教養は、凡人にはちょっと真似ができそうもない。

巻三には「大宰帥大伴卿　酒を讃むる歌十三首」がある。お酒が苦手だった憶良に対して、「旅人は飲んべえだった」とか。都から遠く離れた鄙《ひな》の地で妻を亡くした悲しみは、「そりゃあ、酒でも飲まなきゃ紛らすことはできないでしょう」とか、「それで酒をほめる歌までつくったなんて」などと思ってしまう。

験《しるし》なき物を思はずは一杯《ひとつき》の濁《にご》れる酒を飲むべくあるらし（巻三・三三八）

なかなかに人とあらずは酒壺に成りにてしかも酒に染みなむ（巻三・三四三）

あな醜《みにく》賢《さか》しらをすと酒飲まぬ人をよく見れば猿にかも似る（巻三・三四四）

なかなかけっさくな歌が続く。考えたって仕方のないことをくよくよ考えるより、一杯の濁り酒を飲んだほうがましだ。人でいるより酒壺になって酒に染まっていたい。ああ、醜いことだ。お酒も飲まないで賢ぶっている人をよく見ると猿に似ている。内心、「そうだ、そうだ」と思っている人もいるだろう。しかし、これらの歌はなかなか奥深いのである。

古《いにしえ》の七の賢《さか》しき人どもも欲《ほ》りせしものは酒にしあるらし（巻三・三四〇）

旅人は、世俗の塵《ちり》を離れて竹林に住んだという中国の七人の老荘思想家、いわゆる「竹林の七賢人」にあこがれていた。旅人の讃酒歌もまた中国思想の影響のもとにつくられたのである。

旅人が中国の文化、ことに神仙思想や老荘思想に造詣が深かったことは、その歌からも推し量ることができる。しかも旅人は、それをそのまま鵜呑みというのではなく、日本的に、また自分流に展開させている。そして大宰府で旅人を取り巻いた人々もまた、それを共有していたといえる。大宰府官人には外交官としての素養

上空より鴻臚館跡、博多湾を望む（福岡市提供）

も要求された。彼らが中国文学に精通していたことは想像に難くなく、そうした素質が大宰府という海外との門戸の地だからこそ開花したともいえるのである。

有名な憶良の「貧窮問答歌」（巻五・八九二）も、中国文学をもとにして貧者と窮者の問答という創作歌のスタイルをとっている。「貧しい庶民の生活にも想いを馳せた社会派・庶民派山上憶良」、そんな評価が現代の教科書などでもなされているが、憶良自身が貧しかったというわけではない。上国の守、今なら福岡県知事、従五位下の位を持つ身は相当のレベルの生活をしていたであろう。しかし憶良は筑前国守として、管内の庶民の事件を題材にした「志賀の白水郎《あま》の歌」（巻十六・三八六〇－三八六九）や「大伴君熊凝《くまこり》の歌」（巻五・八八四－八九一）、松浦佐用姫《まつらさよひめ》や神功皇后などの伝説を題材にした歌もつくっており、憶良がしっかり管国に目を向け、庶民の心情を理解しようとした様が偲ばれるのである。

海外文化受容の窓口で、かの地の進んだ文化がいち早く入り、それを受容して先進的な歌の数々が詠まれた大宰府。「西の都」、「遠の朝廷」といわれるものの、やはり日本の中では辺境。あまざかる鄙なのである。都から遠くにある者たちの想いもまた、この地での万葉歌に詠まれている。次章では太宰府の万葉歌碑をめぐりながら、万葉人の心情に触れていきたい。

万葉歌碑めぐり

山上憶良が大伴旅人に捧げた
日本挽歌の歌碑
（太宰府メモリアルパーク提供）

万葉の散歩道

平成四（一九九二）年五月末、太宰府に全国の万葉ファンを集めて「万葉フォーラム」が開催された。五月二十九日、私は万葉ラジオ・ウォークのガイド役として、太宰府天満宮から水城跡まで「歴史の散歩道」を歩いた。

この道は昭和三十年代には「万葉プロムナード」といわれていた。当時は田圃の中に続く白い道の所々に農家があり、庭の赤く熟れた渋柿が青空に映えるのを眩しく見たり、田圃にしつらえられた稲架《はさ》やカドに干された籾《もみ》を眺めたりしながら、万葉の雰囲気に浸ってそぞろ歩きが楽しめる道だった。

遠い昔の秋のあの日とは周囲の状況もずいぶん変わったけれど、それでも五月の風に吹かれながら行く、観世音寺、戒壇院、学校院跡、大宰府政庁跡の背後を通るこの道は、大伴旅人や山上憶良に想いを馳せるには充分な散歩道だ。政庁跡の大宰府展示館には、万葉ファンの神様的存在・犬養孝氏がおられ、歩いている私たちと中継でつながっている。史跡のポイント、ポイントで詠われる〝犬養節〟にのった筑紫万葉歌の数々を、参加者も一緒に口ずさんだりして、楽しい道行だ。

私たちの歩みが坂本八幡宮を右に折れ、オカッテンさま（訶梨帝母《かりていぼ》・鬼子母神）のお堂、盲僧琵琶の祖・玄《げん》清法印《せいほういん》の墓を左に見て、坂本の集落を進んでいると、犬養先生の声。「そこから先は本当に万葉の雰囲気が遺ったすばらしい道ですよ。正面に大野山（四王寺山）が見えるでしょう。もう少しして左に曲がると、照葉樹の山道に入るんですよ。そこから国分の池に出るまでの道には筑紫歌壇の人々がいきづいているのですよ。憶良の咳払いや万葉人のささやきも聞こえるでしょう。どうか皆さん、この道を、この景色を大事に守ってくださいよ」。その声が今も私の耳底に残っている。

この辺りは、政庁跡から背後の大野山までつながる特別史跡のうちで、建物の建て替えや新築、いわゆる「現状変更」は規制されているので、昔の雰囲気がよく残っている。太宰府市域の一六%を占める史跡地には、先祖代々住んでいる人が多い。その人たちは、暮らしの不便さはありながらも、もはや史跡に指定されたことをうらみはしない。むしろ誇りにさえ思っている。そんな人たちに支えられて今の姿があるのだ。

犬養孝氏の愛した万葉の小径

観世音寺裏手の史跡地では、地元のボランティアの人たちが万葉植物を育てている。初夏には紫陽花や花菖蒲が、秋には万葉人が最も愛した萩の花、今では絶滅さえも危惧されている女郎花《おみなえし》も元気に花をつける。「史跡を万葉植物でいっぱいにしたい」という想いは、ささやかながら営々と続けられている。

全国に数ある万葉の故地の中でも、万葉の風土がよく遺っている太宰府を、犬養氏はこよなく愛された。そしてこの史跡に立つ時、いつでも万葉の昔にタイムスリップすることができる幸せを、多くの人々も感じるのである。

万葉の歌碑めぐり

あの日から約三十年の歳月が流れた。しかし歴史の散歩道沿いの風景にはほとんど変化がない。ただ所々に建つ万葉歌碑は数を増し、万葉散歩をいっそう楽しいものとしている。比較的古くからあるものとして、太宰府天満宮内に二基、オカッテン様境内に一基、福岡地区十一ロータリークラブから寄贈された六基と通称県道5号線沿いの太宰府歴史スポーツ公園内に十基の万葉歌碑が建てられていたが、史跡指定地内の現状変更の難しさから、しばらくは新たな歌碑は建たなかった。しかし大宰府万葉会の長年のご努力で、歴史の散歩道や太宰府メモリアルパークに数多くの万葉歌碑が建てられ、令和元（二〇一九）年現在、太宰府市内には四十五基の万葉歌碑がある。そのうち十一基が大伴旅人の歌碑である。

筑紫（大宰府）万葉歌は大和についで多いという。数え方は諸説あるようだが、国文学者・林田正男氏によれば、筑紫で詠まれた歌三二〇首、都や往来路で詠んだ筑紫関連の歌は五十五首にのぼるという。ちなみに大宰府万葉会によると太宰府市内ゆかりの歌は二〇〇首という。

中でも梅花の宴の歌などを載せる巻五、遣新羅使の歌を載せる巻十五には際だって多く、ほかに防人の歌を載せた巻二十なども関連の歌に入れてよいだろう。これほどたくさんある歌すべてを語ることは不可能なので、ここでは主に、太宰府天満宮から水城まで歴史の散歩道沿いにある歌碑の万葉歌を味わい、それにまつわる物語りでもしてみることにしよう。

なお筑紫万葉に関しては、蘆城駅家《あしきのうまや》や二日市温泉で詠まれた歌がある筑紫野市、福岡市の大濠公園・西公園付近、志賀島、福岡県田川郡香春町、山上憶良ゆかりの嘉麻市、佐賀県唐津市の神集島《かしわじま》、同市松浦川（玉島川）のある浜玉町、「万葉最果ての地」といわれる五島列島三井楽《みいらく》の白良ヶ浜《しららがはま》などにまとまった数の万葉歌碑があり、福岡県糸島市二丈深江の鎮懐石《ちんかいせき》八幡の江戸時代に建てられた九州最古の万葉歌碑や香椎宮頓宮《とんぐう》近くの丘にある三条実美《さねとみ》筆の古い歌碑から、つい最近建てられたものまで各地に数多《あまた》ある。一首あるだけでも町おこしにつながる力を持っている万葉歌。それぞれの地で歌碑をめぐりながら万葉の昔に想いを馳せる人々の姿が見られる。

梅花の宴にちなむ歌碑

太宰府天満宮の境内には古くから二基の万葉歌碑がある。

わが苑に梅の花散る久方の天より雪の流れくるかも

大宰帥大伴旅人（巻五・八二二）

よろつよに　としはきふとも　うめのはな　たゆることなく　さきわたるへし

筑前介《ちくぜんのすけ》佐《さ》氏《し》子首《こびと》（巻五・八三〇）

菖蒲池の畔に建つ筑前介佐氏子首歌碑。この歌のように今も太宰府に梅の花は咲きわたっている

菖蒲池の畔に建つ子首の歌碑は、太宰府市内では最も早く昭和三十四（一九五九）年に建てられた。曲水の庭がある所に以前お住まいだった書家・古賀井卿《せいきょう》氏の筆になる。旅人の歌碑は、九州国立博物館へのエスカレーターの入口左側にある。旅人は、自邸の庭に散る梅の花を天から流れてくる雪にたとえた。「風花《かざはな》」という風情である。旅人の歌はよく山上憶良の歌と対比される。梅花の宴で憶良が詠んだ歌は、太宰府市役所前にその歌碑がある。

春さればまづ咲く宿の梅の花独り見つつやはる日暮さむ　筑前守山上憶良（巻五・八一八）

春になれば最初に咲くわが家の梅の花を、一人見ながら春の日を暮らすことであろうか。と、旅人の歌が絵画的で美しくロマンティックな歌であるのに対して、憶良のものは人間の閑《しず》かな想いの歌である。

梅花の宴で最初に歌を披露した大弐紀卿は紀男人《きのおひと》と考えられているが、その歌は大宰府政庁正殿跡から、坂本八幡宮へ抜ける途中にある。初夏のころには花菖蒲や紫陽花で美しく彩られる八つ橋を渡ると、背の高い青っぽい石碑が見えてくる。

正月立《むつき》ち春の来たらばかくしこそ梅を招《お》きつゝ楽しき終へめ　大弐紀卿（巻五・八一五）

また、とびうめアリーナ（太宰府市総合体育館）の前には、市民が一字一字書いた万葉仮名で綴られた薬師《くすし》張氏福子《ちょうしのふくし》の歌碑がある。

梅の花咲きて散りなば桜花継ぎて咲くべくなりにてあらずや　（巻五・八二九）

梅花の宴の歌は歴史スポーツ公園の中にもう二基、メモリアルパークに六基ある。

歴史スポーツ公園のものは、

春の野に霧立ちわたり降る雪と人の見るまで梅の花散る　筑前目田氏真上《ちくぜんのさかんでんしのまかみ》（巻五・八三九）

梅の花散らくはいづくしかすがにこの城の山に雪は降りつつ　大宰大監伴氏百代《だざいのだいげんばんしのももよ》（巻五・八二三）

真上は、霧立ち込める春の野に雪と見まごうほどに散る梅を美しく歌い上げている。一方、旅人のすぐ後に詠んだ百代は、「わが苑に梅の花散る」と詠んだ旅人に対し、「梅の花が散っているなんてどこなんだい」とやり返す。身分の差も何のその、都を離れたこの地では、自由な文芸の遊びの中に、一座が一つとなって楽しんでいるのである。

大伴旅人と沙弥満誓

旅人の歌碑の横からエスカレーターで九州国立博物館に上がり、モダンな博物館の建物を通り越した所に、

ここにありて筑紫や何処《いずく》白雲のたなびく山の方にしあるらし　大伴旅人（巻四・五七四）

という歌碑が建っている。

この歌は大納言として都に帰った後、大宰府で親しく交わった造観世音寺別当・沙弥満誓《しゃみまんぜい》が送った二首の歌に応えたものである。大宰府では、妻を亡くしたせいもあってか、さんざん都に対する望郷を詠み、気弱な旅人であったが、都に帰ったら帰ったで、筑紫を恋しく思い出すのであった。旅人はこの歌ともう一首、次の歌を満誓に返歌している。

草香江《くさがえ》の入江に求食《あさ》る葦鶴《あしたづ》のあなたづたづし友無しにして　（巻四・五七五）

この歌は、福岡市中央区六本松一丁目の草香江公民館の前庭に、その歌碑がある。

満誓が完成に向けて辣腕をふるった観世音寺には、講堂右手の池の畔、天智塔の横に次のような満誓の歌碑

がある。

しらぬひ筑紫の綿は身につけていまだは着ねど暖かに見ゆ　沙弥満誓（巻三・三三六）

『続日本紀《しよくにほんぎ》』、『類聚三代格《るいじゆうさんだいきやく》』、『延喜式』などから、綿（真綿）が筑紫、つまり九州の特産物であったことは知られていたが、平城京の発掘によっても、九州各地の国・郡名を書いた綿に付けられた木簡が十数点発掘された。満誓は俗名・笠朝臣麻呂《かさのあそみまろ》といい、美濃・尾張の国守として手腕を発揮した有能な官史であった。木曾路を開いたり、養老の滝を宣伝したりと、今に伝わる名所を開発したのも彼であったが、太上（元明）天皇の病気平癒を祈るため出家し、観世音寺の完成に向けて造観世音寺別当として赴任したのである。この歌は赴任に先立ち、筑紫への期待を込めて詠ったものであろう。

蘆城駅家

九州国立博物館から筑紫女学園大学、太宰府ゴルフ倶楽部を右に見て、峠を越えると筑紫野市吉木に出る。太宰府ゴルフ倶楽部にはコースごとに万葉の歌を書いた歌板があり、万葉歌を楽しみながらプレーできるのも、太宰府ならではである。

峠を越え少し行くと、左手に吉木《よしき》小学校があり、

をみなへし秋萩まじる蘆城野《あしきの》は今日を始めて万代《よろづよ》に見む　（巻八・一五三〇）

の歌碑がある。万葉の昔、この辺りに蘆城駅家《あしきのうまや》があった。駅とは文字通り「駅」であって、万葉時代には東海

宝満山の裾に広がる蘆城野

道や西海道など全国に広がる官道の三十里（約一六キロ）ごとに一駅が置かれていた。官道を往来する人々の人馬の継ぎ立てをするとともに、宿や食糧を供給した施設であった。蘆城駅家は豊前から田河道を経、米ノ山《こめやま》峠を越えてくる官道の大宰府に最も近い駅であった。

さして高くはない高尾山（高雄山）と宮地岳（阿志岐山）にはさまれた平地の真ん中を蘆城川（宝満川《ほうまんがわ》）がゆったりと流れ、眼前には宝満山が、太宰府側から見るのとはまた違う高く秀麗な姿を見せている。この風景は「今日初めて見たけれど、萬代《よろずよ》まで見ていたい景色だ」と都人たちの絶賛を浴びた。

どちらも詠み人知らずながら、次の歌も蘆城川を忘れられそうもないと、その風光明媚を詠い上げている。

珠匣《たまくしげ》蘆城の川を今日見ては萬代までに忘らえめやも
（巻八・一五三一）

こうして蘆城を絶賛した歌が続くと、『万葉集』巻八の、この二首のすぐ後にある山上憶良の楽しい歌も、実は蘆城野で詠まれたのではなかろうかとさえ思える。

秋の野に咲きたる花を指折《およびお》りかき数ふれば七種《ななくさ》の花
（巻八・一五三七）

萩の花尾花《をばな》葛花《くずはな》瞿麦《なでしこ》が花女郎花《おみなえし》また藤袴《ふじばかま》朝貌《あさがお》の花　（巻八・一五三八）

憶良は実際に指折りながら子供に教えたのだろうか。五本の指に余るところに「また」という詞を入れ、あと二本の指を折って数える様が目に浮かぶ。秋の七草を覚えられない人も、調子をつけてこの歌を口ずさめば、自然に覚えられるというもの。きっといにしえの蘆城野には、秋の七草がそろって可憐な花を咲かせていたことだろう。この二つの歌の碑は、太宰府市の洗出《あらいだし》交差点近くの鷺田川《さぎたがわ》の畔に立っている。

ちなみに朝貌は、今の朝顔ではなく桔梗ではないかとされている。秋の七草のような楚々とした花こそ万葉人の感性に合った花だったのではないだろうか。『万葉集』に詠われた植物では萩の花が最も多く一四二首、ついで梅の一一九首である。尾花（ススキ）は桜の四十六首につぐ四十四首、なでしこが二十六首と、上位ランキングに入っている。

大宰府の官人はしばしばここ蘆城駅家で宴会を催している。

月夜《つくよ》よし河音さやけしいざここに行くもゆかぬも遊びてゆかむ　防人司佑《さきもりのつかさのすけ》大伴四綱《よつな》（巻四・五七一）

御笠《みかさ》運動広場入口にある歌碑である。この歌は大伴旅人の送別会で詠まれた。月もきれい。川の音も澄みきって心地よく聞こえる。こんなシチュエーションで開かれた別れの宴は、都へ帰る人にも、大宰府に留まる者にも、心に残る想い出となったことだろう。

同じ送別の宴で大典麻田陽春《たいてんあさだのやす》が詠った歌は、吉木公民館前交差点の近くにある。

辛人《からひと》の衣染むといふ紫の心にしみて思ほゆるかも　大典麻田陽春（巻四・五六九）

紫は、大宰府では大宰帥のみが着ることができた色。忘れられない旅人への想いを詠っている。

旅人の気概と望郷の念

旅人離任の際の歌が先に出てしまったが、大宰府政庁跡のバス停の傍らに、

やすみしわご大君の食国《おすくに》は倭《やまと》も此処《ここ》も同じとぞ思ふ　大宰帥大伴旅人（巻六・九五六）

の歌碑が建っている。大宰府に赴任したばかりの帥・大伴旅人に少弐《しょうに》石川足人《たるひと》は問いかけた。

さす竹の大宮人《おおみやびと》の家と住む佐保の山をば思ふやも君（巻五・九五五）

「大宮人が家として住んでいる佐保の山をあなたは恋しく思っているのではないですか」との問いに、大伴旅人は、「いや、そんなことはない。わが大君がお治めになる国は、大和もここ筑紫も同じだと思っている」と答えた。帥の気概を示す表向きの返答である。

しかし内心は、

わが盛《さかり》また變若《おち》めやもほとほとに寧楽《なら》の京《みやこ》を見ずかなりなむ（巻三・三三一）

と、辺境の地で年老いていく心細さを詠み、雪の日には、

沫雪《あわゆき》のほどろほどろに降り敷けば平城《なら》の京《みやこ》し思ほゆるかも（巻八・一六三九）

浅茅《つばな》が野原一面に白い穂を風になびかせる初夏には、

浅茅原《あさぢはら》つばらつばらにもの思《も》へば故《ふ》りにし郷《さと》し思ほゆるかも　（巻三・三三三）

と、包み隠さぬ望郷の心情を吐露している。

旅人の歌ではないが、かの有名な次の歌も、大宰府にあって奈良の都の繁栄を詠んだ歌なのである。

あをによし寧楽《なら》の京師《みやこ》は咲く花のにほふがごとく今盛りなり　大宰少弐小野老（巻三・三二八）

この歌碑は、大宰府展示館の傍らに広々とした政庁跡を背に建っている。犬養孝氏の歌碑としてはめずらしく、万葉仮名ではなく平仮名で揮毫されている。犬養氏没後、犬養氏が若いころ「光」というタバコの中箱で作られていた一〇〇首のカルタを見つけ出し、それを拡大した貴重な歌碑である。

妻を亡くした哀しみ

世の中は空しきものと知る時しいよよますます悲しかりけり　（巻五・七九三）

大伴旅人は赴任してまもなく都から一緒に下ってきた妻を亡くした。その悲しみを詠ったこの歌は、旅人の最高傑作とも評される。政庁跡の北、濃い色のしだれ桜の側に建つ万葉仮名で書かれた歌碑（口絵）。この碑に向かうと、旅人のどうしようもない悲しみが一〇〇〇年の時を超えて今なお私たちの胸をえぐる。

仏教の「世間虚仮《せけんこけ》」の思想を身をもって実感し詠んだものといわれるこの歌。同じ時代、同じ場にあった山

国分天満宮にある万葉歌碑。背後に見えるのは大野山

上憶良は、この歌に突き動かされるように挽歌をつくり、旅人とその妻に贈った。
「大君の遠の朝廷と　しらぬひ　筑紫の国に泣く子なす　慕ひ来まして……」で始まる長歌に、五首の反歌がつけられている。

大野山霧立ち渡るわが嘆く息嘯《おきそ》の風に霧立ち渡る　（巻五・七九九）

雨模様の日に政庁跡に佇むと、背後に見える大野山（四王寺山）には、いくつもの山襞《やまひだ》から霧が立ち昇る。それはまるで旅人の胸の底からつく深い深い溜息が霧となり立ち昇っているかのように見え、私たちは旅人の深い悲しみに心を寄せることができるのだ。この歌は国分寺の前にある国分天満宮と太宰府メモリアルパークにその歌碑がある。

家に行きて如何《いか》にか吾《あ》がせむ枕づく
　妻屋《つまや》さぶしく思ほゆべしも　（巻五・七九五）

愛《は》しきよしかくのみからに慕ひ来《こ》し妹が情《こころ》の術《すべ》もすべなさ　（巻五・七九六）

悔《くや》しかもかく知らませばあをによし
　国内《くぬち》ことごと見せましものを　（巻五・七九七）

妻のいない家は、枕を並べて寝た妻屋も淋しく、自分を慕って九州ま

坂本八幡宮境内にある大伴旅人歌碑

で下ってきた妻の愛しい心根を思い、こうなるんだったら国中どこでも連れて行ってあげればよかった、と悔やむ。連れ合いを亡くした心情は現代人も万葉人もちっとも変わらない。それがふるさと遠く離れた辺境の地なれば、ますます悲しみが増幅され、胸をかきむしられるのである。

そして次の絶唱も、そのはらはらと散る薄紫のはかなげな花とともに、旅人の悲しみを詠い上げる。

妹が見し楝《あふち》の花は散りぬべしわが泣く涙いまだ干《ひ》なくに

（巻五・七九八）

楝《おうち》はセンダンのこと。初夏、ホトトギスの鳴く頃、薄緑の葉の間に薄紫の小さな花を無数につける。高木に咲く花ということもあって花は目立たない。花の色香を詠うのではなく、ただ「あふち」と「逢ふ」の同音から、「逢ふ」という花が散ることにより、別れが意識されるのである。『万葉集』の中で詠まれるのはわずかに四回。そのうち二首は大伴旅人の子、家持《やかもち》・書持《ふみもち》兄弟の贈答歌（巻十七・三九一〇、三九一三）。兄弟にとって、大宰府での母の死とそれにまつわる楝の花は、忘れ得ぬ思い出として心に刻まれたのであろう。

当時も楝の木は大宰府に多かったのだろうか。今も太宰府小学校の御笠川べりや水城小学校の校庭、太宰府天満宮境内・お石茶屋の傍らなどに大きな木がある。太宰府小学校の下、御笠川《みかさがわ》の畔に、楝の花の歌碑はある。

坂本八幡宮にある、

わが岡《おか》に　さ男鹿《おしか》来鳴《きな》く　初萩《はつはぎ》の　花嬬問《はなつまと》ひに　来鳴《きな》くさ男鹿《おしか》

（巻八・一五四一）

二日市温泉にある、

湯の原に　鳴く葦鶴《あしたづ》は　わが如く　妹に恋ふれや　時わかず鳴く

（巻六・九六一）

この二つの歌碑には、萩の花が咲き初《そ》める初秋、若い牡鹿《おじか》が牝鹿《めじか》を求めて鳴く求婚の甲高《かんだか》い声にも、温泉地で鳴く鶴の声にも、妻を想う自分の心を重ねずにはおられない旅人の心情が溢れている。なお、憶良が旅人の亡き妻に捧げた挽歌の長歌の全文と五首の反歌の歌碑が、太宰府メモリアルパークの「大宰府の丘展望台」に建っている。眼下には、広々と太宰府の町から彼方を望み、悠久の歴史を感じるのに絶好の場所である。

子等を思ふ歌

山上憶良の歌であまりにも有名な、というより『万葉集』に興味のない人だって知っている次の歌は、学校院跡の北と歴史スポーツ公園、坂本のオカッテンさんのお堂の横に歌碑がある。

しろがねもくがねも玉も何せむに優《まさ》れる宝子にしかめやも

（巻五・八〇三）

銀も黄金も宝玉も、何だっていうの、子どもに優る宝なんてありはしない。

「オカッテンさま」は訶梨帝母《かりていぼ》。このお堂に祀られている子どもの守り神・鬼子母神のこと。そんな場所に村の人が建てた小さな歌碑が、村の子らのすこやかな成長を見守っている。

「子等を思ふ歌」には、お釈迦様だって「子を愛するに過ぎた愛はない」とおっしゃる、まして世の中の人で子を愛さないという人があるだろうか、という意味の序文があり、「瓜はめば子ども思ほゆ　栗はめばまして偲《しぬ》はゆ……」という長歌、そしてこの歌が反歌としてつけられている。

憶良がこの歌を作った嘉麻市稲築町には、犬養孝氏が命名された「鴨生憶良苑《かもおおくらえん》」など、嘉麻市内に山上憶良の歌碑が十五基以上あり、山上憶良による町おこしも行われている。

鴨生公園には犬養孝氏揮毫の歌碑が二基。その一つは宴会を中座するのに今だって使えそうな歌。

憶良らは今は罷《まか》らむ子泣くらむそれその母もわを待つらむそ　（巻三・三三七）

あまりお酒が得意でなかった憶良が、ユーモア心でもってこんな歌を残し、宴会を退出する姿がほほえましく目に浮かぶ。

愛する人との別れ

さて、万葉歌碑めぐりもいよいよ終盤に近づいた。「もうすぐ水城」という所の道の右手小高い丘の上に衣《きぬ》掛《かけ》天満宮の社がある。衣掛天満宮は、菅原道真公が水城の関を通って大宰府に入った時、長旅に汚れた衣を傍らの松と石に掛け、新しい衣服に着替えたという故事にちなんで建てられた天満宮と伝わる。この天満宮の石段の下に、以前、鏡ケ池あるいは姿見井《すがたみのい》といわれた小さな池があった。道真公が衣服を改める時に姿を写した池と伝えられている。以前ここにあった万葉歌碑は、水城跡整備後、水城館の前に移された。

水城は博多湾の方から来る敵を遮断するための防衛施設であるが、交通の要衝でもあり、現在でも九州縦貫自動車道、ＪＲ鹿児島本線、西鉄天神大牟田線、国道3号線などが貫通する。万葉の昔にも官道はここを通り、大宰府の外から大宰府に入り、さらに九州各地に延びていた。水城に造られた門は、出会いと別れの場であった。都より赴任してくる官人を迎え、任あけて都に帰る人を見送る場所でもあった。

現在、東門があった場所の横に水城の土塁のように盛り土をし、その中にガイダンス施設「水城館」が造られている。その前の芝生地に歌碑が建っている。

「水城館」と万葉歌碑

凡《おお》ならばかもかもせむを恐みと
　振りいたき袖を忍びてあるかも　娘子《おとめ》児島（巻六・九六五）

ますらをと思へるわれや水くきの
　水城のうえになみだ拭はむ　大納言大伴旅人（巻六・九六八）

天平二（七三二）年冬十二月、大宰帥の任あけ都に帰る大伴旅人は、水城に馬を駐《とど》め、あとにしようとする大宰府をかえりみた。水城には大勢の人が見送っていたが、その中に一人の遊行女婦《うかれめ》がいた。日頃親しく交わった児島であった。

「あたりまえならば、ああもこうもしましょうに、あなたは高貴の方だから、恐れ多くて、いつもなら痛いほど激しく振る袖を、こらえて振らずにおります」。けれど旅人の姿がやがて見えなくなると、こらえきれずに袖を振る児島。

倭道《やまとぢ》は雲隠《くもがく》りたり然れどもわが振る袖を無礼《なめ》しと思ふな

（巻六・九六六）

初めは袖を振らずにじっとこらえていたのに、恋しい人の姿が見えなくなると、ついにこらえきれずに袖を振る。二つの歌に巧みに詠み込まれた娘子児島の感情の高まりは、ますら男の子の旅人の心を激しく揺さぶった。

倭道《やまとぢ》の吉備の児島を過ぎて行かば筑紫の児島思ほえむかも

（巻六・九六七）

と返し、水城の上に涙を拭うのだった。海外からの敵に対して備えた防衛施設・水城も、この歌によって万葉ロマンの場として知られるようになった。

大宰府こそ万葉のふるさと

全国に「万葉のふるさと」をキャッチフレーズにした自治体は数多くある。たった一首の歌だとしても、それを旗印に、まちづくり、里づくりに懸命なのだ。『万葉集』の最終的な編者・大伴家持が越中守として赴任していた富山県高岡市の市制一〇〇周年記念で、平成元（一九八九）年に開催された「万葉サミット」を契機に、全国の万葉ファンが集う「万葉フォーラム」が、犬養孝氏を中心に、各地持ち回りで開催された。その会には万葉ファンだけではなく、「万葉のふるさと」を標榜する自治体関係者も数多く参加していて、お国自慢や意見交換が活発に行われた。先生没後は、犬養先生の薫陶を受けた人々を中心に、全国万葉会が組織され、引き続き全国各地で万葉フォーラムが開催されているし、奈良県立万葉文化館、因幡万葉歴史館、高岡市万葉歴史館など、各地に万葉集専門の資料館、展示館が開館した。

大伴旅人が大宰帥として大宰府に赴任していた時、家持・書持兄弟はまだ十歳代はじめ。そして、神護景雲元（七六七）年、五十歳の家持は大宰少弐として再び大宰府の地を踏んだのである。父・旅人はすでになく、あの時父をとりまいていた筑紫歌壇の人々ももういない。大宰少弐大伴家持の心に、その時の大宰府はどう映っただろうか。

ともあれ、『万葉集』の最終的な編者とみられている大伴家持は、父・旅人の血を受け、才能豊かな叔母・大伴坂上郎女《おおとものさかのうえのいらつめ》に育てられた。しかも多感な少年時代を過ごした大宰府には「筑紫歌壇」の人々がいて、見聞するものも都とはどこか違う。少年家持を育てた大宰府が歌人家持を育て、『万葉集』の編纂につながったとしたら、大宰府こそは「万葉のふるさと」と声を大に言えようか。

代表的万葉歌人と言われる大伴旅人、山上憶良の歌の多くが大宰府で詠まれたものであるのも、故あることであろう。都から遠く距《へだ》たった鄙の地で妻を亡くすという空しさ、哀しさ。鄙の地とはいいながら、海外文化が直に入ってくる地。そんな地で出会った二つの異なる才能。その二つはお互いを刺激し合いながら、お互いの詩情を高め、花開かせたのである。その花びらは同時代の周りの人々へ、さらに世代を超えた人々へと舞い広がったのである。

①ここにありて筑紫や何処白雲のたなびく山の方にしあるらし（巻 4-574）
②わが苑に梅の花散る夕方の天より雪の流れくるかも（巻 5-822）
③よろつよにとしはきふともうめのはなたゆることなくさきわたるべし（巻 5-830）
④妹が見し楝の花は散りぬべしわが泣く涙いまだ干なくに（巻 5-798）
⑤春さればまづ咲く宿の梅の花独り見つつやはる日暮らさむ（巻 5-818）
⑥しらぬひ筑紫の綿は身に付けていまだは着ねど暖かに見ゆ（巻 3-336）
⑦瓜食めば子ども思ほゆ栗食めばまして偲はゆいづくより来りしものそまなかひにもとなかかりて安眠しなさぬ（巻 5-802）
⑧大君の遠の朝廷とあり通ふ島門を見れば神代し思ほゆ（巻 3-304）
⑨やすみししわご大君の食す国は倭も此処も同じとぞ思ふ（巻 6-956）
⑩あをによし寧楽の京師は咲く花の薫ふがごとく今さかりなり（巻 3-328）
⑪世間は空しきものと知る時しいよよますます悲しかりけり（巻 5-793）
⑫正月立ち春の来らばかくしこそ梅を招きつつ楽しき終へめ（巻 5-815）
⑬わが岡にさ男鹿来鳴く初萩の花嬬問ひに来鳴くさ男鹿（巻 8-5141）
⑭秋の野に咲きたる花を指折りかき数ふれば七種の花（巻 8-1537）
⑮萩の花尾花葛花なでしこの花をみなへしまた藤袴朝顔の花（巻 8-1538）

⑯梅の花咲きて散りなば桜花継て咲くべくなりにてあらず（巻5-829）
⑰大野山霧立ち渡るわが嘆く息嘯の風に霧たちわたる（巻5-799）
⑱凡ならばかもかもせむを恐みと振り痛き袖を忍びてあるかも（巻6-965）
ますらをと思へるわれや水くきの水城の上になみだ拭はむ（巻6-968）
⑲いちしろくしぐれの雨は降らなくに大城山は色づきにけり（巻10-2197）
⑳妹が見しあふちの花は散りぬべし吾が泣く涙いまだ干なくに（巻5-798）
㉑湯の原に鳴くあした鶴は吾がごとく妹に恋ふれや時わかず鳴く（巻6-961）
㉒筑紫なるにほふ子ゆゑに陸奥の可刀利娘子の結ひし紐解く（巻14-3427）
㉓橘の花散る里のほととぎす片恋しつつ鳴く日しそ多き（巻8-1473）
㉔銀も金も玉もなにせむにまされる宝子にしかめやも（巻5-803）
㉕古の七の賢しき人たちも欲りせしものは酒にしあるらし（巻3-340）
㉖玉くしげ蘆城の川を今日みては萬代までに忘らえめやも（巻8-1531）
㉗梅の花散らくはいづくしかすがにこの城の山に雪は降りつつ（巻5-823）
㉘春の野に霧立ちわたり降る雪と人の見るまで梅の花散る（巻5-839）

風水都市

朱雀大橋から
大宰府政庁・大野城跡を望む
（太宰府市教育委員会提供）

山河を城とした一大防衛都市

数々の万葉の歌を育んだ大宰府の風土は、どのようにして形成されたのだろうか。

太宰府は明日香や奈良に似ているとよくいわれる。それもそのはず、日本の宮都は、北と東・西の三方が山に囲まれ、南に開けた地形の北部中央に宮城が設けられ、はるか南に南山といわれる山があり、水の清らかな所、といったような同じ条件の場所に営まれてきたからだ。

藤原京造営の時の『万葉集』の歌は、東の天香具山《あまのかぐやま》、西の畝傍山《うねびやま》、北の耳成山《みみなしやま》、はるか南の吉野山、そして御井《みい》の清水を讃美し、都の繁栄を予祝《よしゆく》している。まさにそれと同じような地形の所に大宰府も造営されたのである。

平安京は「山河襟帯《さんがきんたい》、自然にして城をなす」といわれた。大宰府の山河も自然にして城をなす地であったが、そうした自然の地形と水城、大野城、基肄城《きいじよう》といった人工の城をうまく組み合わせて、国内では他に類をみない一大防衛都市が築かれたのである。それは大宰府が置かれた国境という地理的要件や戦争という歴史的要件によってであった。

大宰府が現在の政庁跡の地にできたのは、日本が百済《くだら》を救援し、唐・新羅《しらぎ》軍と戦った六六三年の白村江《はくすきのえ》の戦いに敗戦した結果だと考えられている。

いわゆる大宰府の前身については、那津官家《なのつのみやけ》とする説が江戸時代に国学者・河村秀根《ひでね》によって出され、現在も一般的であるが、百済《くだら》救援のため筑紫に下った斉明天皇の朝倉橘広庭宮《あさくらのたちばなのひろにわのみや》とする説や、筑紫大宰の駐屯地として筑紫野市の武蔵寺《ぶぞうじ》近辺に考える説、〝前身〟はなく白村江の戦いの敗戦後、筑紫大宰も大宰府もできたとする説など様々である。それもこれも『日本書紀』に大宰府自体がいつできたというような記事がないからだ。しかし、大宰府自体の記事はないが、大宰府を防衛する形で周りに築かれた水城・大野城・基肄城については『日本書紀』にはっきりと記されている。

天智天皇三（六六四）年是歳条《このとしじょう》に「対馬・壱岐・筑紫国等に防《さきもり》と烽《すすみ》（のろし台）を置き、また筑紫に大堤を築きて、水を貯えしむ、名づけて水城といふ」とあり、翌四年八月条には「達率憶礼福留《だちそちおくらいふくる》、達率四比福夫《しひふくふ》を遣はして大野及び椽《き》の二城を築かしむ」とある。

つまり政庁跡のすぐ北、大野山（四王寺山《しおうじやま》）に築かれた大野城、南八キロの坊住山《ぼうじゆうやま》を中心に築かれた椽城《きのき》（基肄城）は百済の亡命貴族の指導によって築かれたのである。この時の指導は、単に大野城・基肄城に留まらず、水城や周辺の山地・丘陵をも含めた全体の防衛施設、さらには都市計画にも及ぶものであった。彼らの脳裡には、失われた故国・百済の最後の都・扶余《プヨ》の山河が、そしてその自然の地形を巧みに利用して要所要所に配された山城や土塁があった。

古代山城の防衛網

扶余では宮城の北に扶蘇山城《プソサンソン》と青山城《チョンサンソン》が配され、西には白砂まぶしい錦江《クンガン》（白馬江《ペクマガン》）が大きく湾曲して南に流れている。錦江の内側には、錦江に沿うように扶蘇山城から延びた土塁があり、東側には青山城から延びた土塁が南の錦江近くにまで達している。さらにその外回りには、青馬山城《チョンマサンソン》・石城山城《ソクソンサンソン》・聖興山城《ソンフサンソン》・甑山城《チョンサンソン》が配され、扶余の都をしっかりと衛っている。

『日本書紀』にある水城・大野城・基肄城の存在はよく知られているが、実は水城に連なる施設として、北

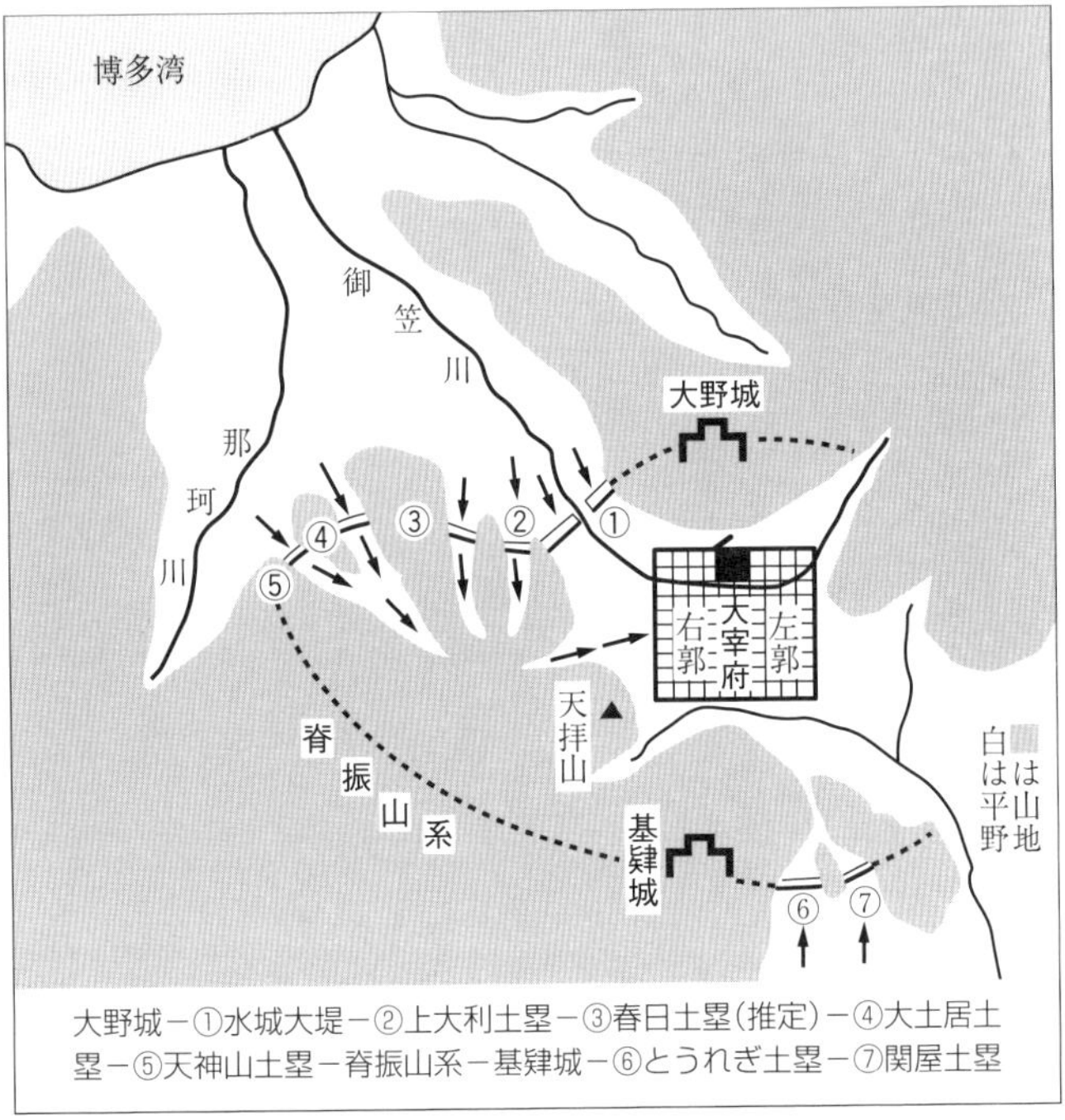

大宰府の大防衛線（『太宰府の史跡地図と文化財』古都大宰府保存協会より）

には上大利《かみおおり》土塁・春日土塁・小倉土塁・大土居土塁・天神山土塁、南にはとうれぎ土塁・関屋土塁など、いわゆる「小水城」といわれるものが山の小さな隙間をも塞いで築造されていた。

九州歴史資料館の初代館長であり、発掘調査のバイブルともなっている『大宰府都城の研究』を著された鏡山猛《かがみやまたけし》氏も、早くからこれらが羅城《らじょう》を形成しているという見解を示しておられたが、平成三（一九九一）年、国立歴史民俗博物館の阿部《あべ》義平《ぎへい》氏が大宰府羅城の具体的な復元案を発表された。これによると大宰府羅城は、大野城から水城、丘陵の小さな隙間を塞いだ天神山・大土居などの小水城、牛頸《うしくび》山、南に回って権現山、基肄城、とうれぎ土塁、関屋土塁、大振山、高尾山《たかおやま》、宝満山、そして大野城へとつながる東西八キロ、南北八キロにも及ぶ広大なものである。

その後、平成十一年に、高尾山の東に位置する筑紫野市阿志岐《あしき》の標高三三八メートルの宮地岳に、新たな古代山城が発見され、阿志岐山城跡として平成二十三年に国指定史跡となった。

さらに平成二十七年、西鉄筑紫駅の近くにある前畑遺跡では、丘陵の尾根上に南北に五〇〇メートルにわたる七世紀の土塁が発見され、羅城ラインの一部ではないかとして、保存運動が繰り広げられた。ここは政庁跡から南東に約七キロの地点。大宰府を取り巻く山々を見渡すことができ、それらに護られた「大宰府」を感じることのできる好適地だ。前畑遺跡の土塁は、宝満川、『万葉集』でいう蘆城《あしき》川に近接しており、蘆城川とその氾濫源も防衛ラインの一翼を担ったと考えられている。

なぜ「水城」なのか

水城は、一三〇〇年も前の書物に記された歴史の遺産が現存のものと一致する、全国的にも稀で、かつこのような構造物はここだけにしかないという非常に貴重な遺跡であり、早くも大正十（一九二一）年三月三日、大宰府跡とともに国の史跡に指定された。

国分《こくぶ》小学校の裏手に水城の展望所があり、ここに登れば、緑の堤防が平野を遮断して横たわる様子がよくわかる。白村江の敗戦の翌年（六六四年）、唐や新羅の来襲に備えて造られたものだが、博多湾から敵が侵攻してくることを想定して、福岡平野の一番奥まった所、大野山と牛頸丘陵が東西から迫る隘路口《あいろぐち》、約一・二キロを遮蔽し、敵の侵入を防ぐものである。現在でも水城には、JR鹿児島本線、西鉄天神大牟田線、九州縦貫自動車道、国道3号線など九州内陸に入っていく幾筋もの鉄道・幹線道路が通り、一三〇〇年も昔に、この地点の重要性を認識し、ここに敵の侵入を防ぐ構造物を造営した人の叡智に感嘆せずにはいられない。

なぜ「水城」というのか。昔は太宰府側に水を貯えた「堤」と認識されていたが、昭和五（一九三〇）年に国道3号線の拡幅工事の際、偶然に、初めて木樋《もくひ》が発見され、土塁の性格について論議がなされるようになった。そして昭和五十年の本格的発掘調査によって、博多側前面に幅六〇メートル、水深約三、四メートルの濠があることがわかり、「水城」の水城たる所以には決着がついた。

豊かな樹木に覆われた現在の水城。九州縦貫道などの
主要交通網が貫通する（太宰府市教育委員会提供）

しかし、水城の一・二キロの間は標高が同じでなく、両端が高く中央が低い形状となっている。単純に濠を掘っただけでは水がうまく貯まらないと思われた。その後、御笠川の欠堤部で石を積み上げた洗《あらい》堰《ぜき》が発見されたり、濠の一部で二〇－三〇センチの厚さの遮水粘土層が発見されたりしたことをうけ、佐賀大学教授・林重徳氏によって図のような復元案が考えられた。

鎌倉時代に書かれた『八幡愚童訓《はちまんぐどうきん》』には蒙古襲来の時の様子が記されているが、その中で「水木城《みずきのき》ト申ハ、前ハ深田ニテ路一《ひとつ》、後ハ野原広ク継《つづい》テ水木多ク豊也、馬蹄ノ飼場ヨリ兵粮ノ潤屋《じゆんおく》也、左右ノ山間ニ三十余町ヲ通テ高ク急ニ築立タリ、城ノ口ニハ磐石ノ門ヲ立タリ、今ハ礎計《はかり》ニ成ニケリ」とあり、水城前面の濠はすでに湿田となっていたものの、蒙古襲来の折りにも、「城」として使われた様子を窺うことができる。

水城は今では豊かな樹木に覆われているが、築造当時は赤みを帯びた土で築かれた土塁が延々と続い

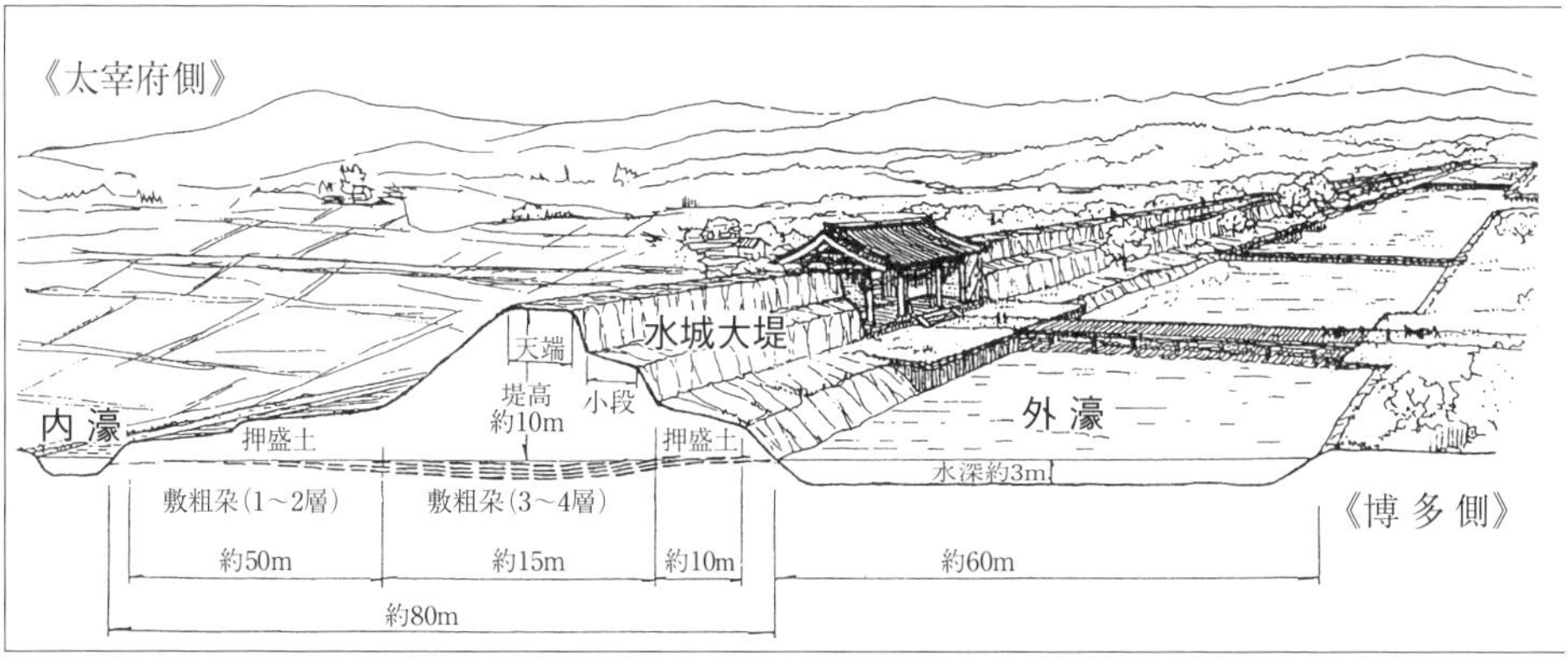

水城復元図（林重徳氏作成の原図より）

ていた。幅八〇メートル、高さ三メートルの基底部の上に、粘土と土砂を交互に入れては突き固める「版築《はんちく》」という工法によって二段の積み土層が築き上げられ、総高は一〇メートルを超え、頂部の幅は約三メートルである。地盤が崩れないように西門付近では石積みが見られたり、池や湿地跡など地盤の弱い所では枕木を並べた「梯子胴木《はしごどうぎ》」、基底部の底には植物の葉や枝を敷き詰めて透水性をよくして基礎の滑りを押さえる「敷粗朶《しきそだ》」という工法が用いられ、それらが地盤沈下を防ぐ役割を果たし、水城は崩れることなく一三〇〇年の後の世まで伝えられたのである。発掘によって、水城の底から緑の葉がついたままの木の枝（敷粗朶）が出土したのは感動的であった。その葉は空気に触れるとたちまち黒ずんでしまった。

ムクノキ、タブノキ、カゴノキ、ヤブニッケイ、シリブカガシ、コナラ、クロキ、イスノキ、ツブラジイ、ジャヤナギ、アオガシ、クスノキ、セキショウ。水城の底に敷かれた木の枝は、晩春から初夏の頃の若々しい木の葉をつけ、場所によって土塁に直角の向きに、あるいは平行に敷き詰められていた。これにも力学的な知識が働いているらしい。またこうした工法が百済の技術者の指導によるものであることも、韓国との学術交流から明らかになっている。

現在、ＪＲ水城駅近くの水城跡の欠堤部に、陶板に焼きつけた工法で断面の一部を見せている。付近は公園として整備され、水城の工法を学ぶことができるように説明板も設置されている。

水城の城門と官道

城門は東西の二カ所にあり、礎石も残っている。東門跡付近に新たに盛り土をし、その中に「水城館」というガイダンス施設が設置されている。その付近に本来の位置からは移動しているが、江戸期に「鬼の硯石《すずりいし》」と呼ばれていた東門の礎石があり、扉の取り付き方などを説明した説明板がある。

また大正天皇の御大典を記念して、大正四（一九一五）年に水城村の青年会が建てた「水城大堤之碑」が建っている。同村出身の筑紫郡技手・竹森善太郎が実測し、九州帝国大学教授・君島八郎工学博士の臨検を得た水城堤防実測の結果を刻し、碑文は上水城に住んでいた郷土史家でもある軍医監・武谷水城《たけやみずき》が撰書し、村の青年たちが休日返上で石を運んで完成させたものである。

西門跡の調査では、門ばかりでなく水城の堤防や濠など全体の構造を考える上で貴重な成果が得られた。門は、大宰府政庁と同じように三時期の変遷があることが判明した（政庁の三時期の変遷については後述）。七世紀の当初の門は、掘立柱の二脚門の簡素なもので、門の博多側両サイドには堅固な石垣があり、出入口はできるだけ狭くして防御的機能を重視した造りであった。これが八世紀になると、礎石使用の立派な四脚門、瓦を葺《ふ》いた二階建ての楼門形式のものに建て替えられた。

西門の前面には濠はなく、路面幅約九メートルの道が通過していることもわかった。この道は、谷川遺跡―池ノ上遺跡―春日公園内遺跡―先ノ原《さきのはる》遺跡を一直線に結んで鴻臚館に至っている。さらにこの道は、水城の内側の前田遺跡とも直線で結ばれている。外国の使節は鴻臚館からこの道を通って大宰府に入ったであろう。大宰府では、幅約三六メートルあった朱雀大路の南から北の正面にある政庁の甍《いらか》を望みながら行進したであろう。

東門から出るのは、西海道の幹線道（府大道）で、井相田《いそうだ》遺跡―板付遺跡―那珂久平《なかきゅうひら》遺跡を、やはり一直線に結んで博多遺跡群に至っている。大伴旅人《おおとものたびと》が離任に際し、遊行郎女児島《うかれめこじま》と別れの相聞歌《そうもんか》を交わしたのは東門の辺りであったろうか。ここは、大宰府に赴任して来る都の貴族を迎え、また離任する彼らを送る境迎《さかむかえ》の場でもあった。

時代は下るが、寛弘元（一〇〇四）年、大宰府に赴任した大弐・藤原高遠《たかとう》は「岩垣の水城の関に群迎ふうちの心も知らぬ諸人《もろびと》」（『夫木集《ふぼくしゅう》』）と、その不安の心中を詠んでいる。

籠城・防戦が目的の大野城

大野城もまた水城と同様、その築城が『日本書紀』に記され、大宰府政庁の背後（北）にある山にその跡がある。この山は、現在は「四王寺山《しおうじやま》」といわれているが、古くは「大野山」といった。平安京が北の船岡山を起点として都市設計されたように、おそらく大宰府では大野山を起点として外郭までも含める都市設計がなされたのではないだろうか。

大野城は、「城」といって私たちが頭に描くような形のものではない。百済の亡命貴族の指導で造られた、いわゆる朝鮮式山城で、朝鮮半島には同じ造りの山城が多数ある。山の尾根に沿って土塁を巡らし、水が流れる谷部には石垣を築き、数カ所の城門を造り、それらに囲まれた所に建物を造るという構造で、籠城・防戦を第一義の目的としている。

大野城の土塁は南北が二重になっていて、総延長八キロに及ぶ広大なもの。標高三五〇メートルから四一〇

大野城模式図

[城門]
1　原口城門
2　太宰府口城門
3　観世音寺口城門
4　坂本口城門
5　水城口城門
6　クロガネ岩城門
7　宇美口城門
8　北石垣城門
9　小石垣城門

[石垣]
Ⅰ　原石垣
Ⅱ　水ノ手口石塁
Ⅲ　大石垣
Ⅳ　屯水石垣
Ⅴ　百間石垣
Ⅵ　北石垣
Ⅶ　小石垣

[礎石群]
A　増長天
B　猫坂
C　広目天
D　八ツ波
E　御殿場
F　主城原
G 村上礎石群

(大宰府史跡ガイドブック2『特別史跡大野城跡』九州歴史資料館より)

メートルの所を巡り、一日がかりの土塁一周のコースを楽しむことができる。さすが城跡だけあって、下界が手に取るように見え、また場所によって全く違う風景が開けてくるのも爽快だ。土塁線の外側は急な崖になっていて、すぐ下を見れば思わず足がすくむ。自然の地形と人工の版築部分をうまくつなげ、敵の侵入を拒絶する要害を造っているのだ。

石垣は七カ所あり、中でも北にある百間石垣《ひやつけんいしがき》は壮観だ。累々と谷を渡り、行く手を遮った様が彷彿とする。現在は車道が谷川に沿って走っているため、築造当時のままとはいかないが、車で行ける手軽さが魅力ともなっている。

城門は、百間石垣のある宇美《うみ》口、

太宰府市国分から登った所にある水城口、政庁跡から大石垣を経て行く坂本口、太宰府天満宮のほうから林道を車でも行ける太宰府口城門の四カ所が古くより知られていたが、平成十五（二〇〇三）年の大雨による山肌崩落とその後の復旧事業によって、新たに五カ所の城門が発見された。

各城門での発掘調査が行われているが、太宰府口城門では水城の城門と同じように三時期にわたる変遷が確認された。Ⅰ期はコウヤマキの掘立柱の門であった。用材の年輪を調べて伐採された年を割り出す「年輪年代学」という方法によりこの木を調べてみると、伐採されたのが六二〇年プラス・マイナス二十年という興味深い結果が得られた。八世紀初めには礎石建ちの櫓門《やぐらもん》に建て替えられた。門の左右には石垣が取り付き、政庁跡と同じ鬼瓦も出土して、往時の立派な門の様が偲ばれる。

こうした土塁と石垣に囲まれた中に、現在のところ、八カ所から約七十棟分の建物の礎石が見つけられている。そのうち六十棟ほどは高床の倉庫と考えられている。太宰府口城門の上辺り一帯を「焼米《やきこめ》ケ原《がはら》」というのは、この倉庫に収められていた非常用の米が、長い歳月の間に土に還り、炭化したものが多く見られたからだ。大宰府政庁跡 蔵司《くらのつかさ》前面の溝から発見された「為班給筑前筑後肥等国遣基肄城稲穀　随大監正六上田中朝□」と書いた木簡は、基肄城に備蓄されていた米が飢饉か何かの折りに筑前・筑後・肥前・肥後といった国に分け与えられたことを物語っている。山城の貯蔵米は戦争以外の非常時にも用いられたのである。

城内で最も古い建物は、主城原《しゆじようばる》地区の最も見晴らしのよい尾根の先端に、その尾根の幅いっぱいに建てられた掘立柱の大きな建物で、倉庫ではなく役所的な建物と考えられている。その他、兵舎的なもの、見張り所的な建物もあったようだ。

四王寺山と仏教

大野城は大野山に築かれたから大野城というのであろう。大野城は、幸いなことに実戦に使われることなく、貞観十八（八七六）年の大野城の衛卒《えいそつ》の糧米を旧例によって城庫に納めるよう命令した「太政官符」を最後として歴史の上から姿を消す。

「四王寺山」の名の由来である四王寺（四天王寺・四王院）は、宝亀五（七七四）年三月三日の「太政官符」によって建てられた。その命令は、「大野城の中で新羅に真向かった眺望のきく清浄な場所を選んで、四天王を祀る寺を建て、僧四人を置いて、昼は『最勝王教四天王護国品《さいしょうおうきょうしてんおうごこくぼん》』を読ませ、夜は神呪《しんじゅ》を誦《ず》して新羅の呪詛《じゅそ》に対抗せよ」というものであった。

現在、四王寺山の頂上部には、東に持国天《じこくてん》、南に増長天《ぞうちょうてん》、西に広目天《こうもくてん》、そして毘沙門天《びしゃもんてん》という地名が遺っている。四天王は国土の四方を守護する天部《てんぶ》であるが、北を護る多聞天が独尊で祀られる場合は「毘沙門天」という。四天王を峰の東西南北に分けて祀っていたかどうかは定かではないが、それぞれの場所から建物や井戸の跡が発掘されている。もし分けて祀っていた状況があったとすれば、それは奈良時代当初からではなく、後世になってからであろう。宝亀五年に建てられた四天王寺は現在の毘沙門社近くにあったと考えられる。

毘沙門の社《やしろ》のある所は、大城山《おおきやま》とも鼓峰《つづみがみね》ともいわれ、この山の最高所、標高四一〇メートルの地点であり、ここからは福岡平野も博多湾も一望でき、さらにその海の向こうまで見はるかす。毘沙門の社の南側や北西に延びる尾根上で建物の跡が発掘され、「四王」銘の文字瓦や、学校院や月山から出土するものと同じ文様塼《もんようせん》などが出土している。まさに命令どおりの場所に四天王寺は建てられたのだ。

現在もここには毘沙門天の社があり、一月三日の毘沙門詣りは遠近の多くの人々で賑わいを見せる。敵国降伏のために祀られた怖い毘沙門天も、一二〇〇年余の時を経て、七福神信仰や、元々インド神話で財宝の神とされていたこともあって、いつの間にか「お金に困らないように」という、庶民のささやかな願いを叶えてくださる神様に変身された。

「四神相応」の地

大宰府は水城、大野城、基肄城など「城」と呼ばれる防衛施設で衛られた防衛都市であった。その上、大野城に四天王を祀る四王寺が造られたように、宗教・思想的防護も同時に行われた都市であった。

ゲーム・映画も大ヒットした人気コミック『陰陽師』の影響もあってか、若者の間にも晴明、四神、鬼門、陰陽五行、風水などというキーワードはよく知られているようだ。以前はこのようなことは迷信として、あまり正面切って論じられることではなかったが、一九九〇年代から日本でも風水説は、歴史・地理・宗教学だけでなく、都市工学などの分野でも注目されるようになった。

風水説とは、都市や家、墓などを造る際、好条件を備えた場所を求めるため、地形や方位、地下の生気（龍脈）の優劣・吉凶、全局面における陰陽調和の状態を観察・判断する理論及び方法論をいうもので、景観を判断の目安とする形勢学派と方位盤上の方位を目安とする理気学派がある。いずれも古代中国に発し、東アジア・東南アジアなど周辺の地域にも影響を及ぼし、沖縄・韓国・台湾・香港などでは今日でも現実の生活で用いられている。

古代都市建設の折りには、その建設するにふさわしい土地を定めるのに風水説や占いによる相地《そうち》が行われた。

相地とは土地を見ること。『日本書紀』天武天皇十三（六八四）年二月二十八日条を始めとして、『六国史《りっこくし》』に、遷都の度ごとに建設責任者が陰陽師、工匠《こうしょう》などを率い、土地を選定する記事が見られる。

元明天皇の平城京遷都の詔《みことのり》に「方今《まさにいま》、平城の地、四禽《しきん》図に叶い、三山鎮をなし、亀筮《きぜい》並びに従う。宜《よろ》しく都邑《とゆう》を建つべし」とある。四禽は四神ともいい、四方を護る霊獣である。すなわち北は玄武《げんぶ》、東は青龍《せいりゅう》、西は白虎《びゃっこ》、南は朱雀《すざく》。この四神の姿は、三角縁神獣鏡《さんかくぶちしんじゅうきょう》や高松塚古墳、キトラ古墳にも描かれていて、古代史ファンにとってはその名を聞くだけでもロマンをかきたてられる存在となっている。この四神を地形にもあてはめ、それに適っている所が風水上良い場所とされるのである。

それはどういう地形かというと、『簠簋内伝《ほきないでん》』に「東に流水有るを青龍といい、南に沢畔《たくはん》あるを朱雀といい、西に大道あるを白虎といい、北に高山あるを玄武という。これらが備わった地が四神相応の地で、大吉の地である」と具体的に述べられていて、平安京では、北の船岡山もしくは北山を玄武にあて、東の鴨川を青龍に、西は山陽・山陰道を白虎に、南は巨椋池《おぐらいけ》を朱雀にあてる説が長く通説であった。

しかし『簠簋内伝』は、平安時代の有名な陰陽師・安倍晴明の作と仮託されているが、実は鎌倉時代以降の成立と考えられていて、平安京建都の時点では四神は四方の山を指していたはずだという意見もある。

いずれにしても、東西シンメトリックな幾何学的都市計画が自然の地形をも巧みに取り入れ、場合によっては河川の流路まで変更するというような大土木事業として行われたのである。

最古の風水都市

風水に興味のある人で大宰府政庁跡を訪れた人は、異口同音に「大宰府は間違いなく風水思想によって造営された」という。それにも二通りの考え方があって、『簠簋内伝』説に従えば、北に玄武の大野山を負い、東に青龍の御笠川《みかさがわ》、西には水城を通って九州内陸に入っていく官道がある。朱雀は南に広がる湿潤な平野とも考えられるが、巨椋池に相当するようなものをあてるとすると二日市温泉であろうか。二日市温泉は別名・武蔵《むさしの》湯《ゆ》、古くは吹田《すいた》の湯ともいわれ、『万葉集』に「湯の原に鳴く葦鶴《あしたづ》はわがごとく妹に恋ふれや時わかず鳴く」と詠まれた古い温泉である。この温泉街の真ん中を通る道（湯の大道）は、政庁からまっすぐ南に延びた中軸線（推定朱雀大路）の延長線上にある。また平城遷都の詔にある三山に相当する山は、鬼門の宝満山《ほうまんざん》、北の大野山、南の基山《きやま》と考えられている。

しかしこの説が鎌倉時代以降のものだとすると、たまたま地形的には合致していても、これによって七世紀に大宰府の地が選地されたとは言い難い。

イ
ロ
ハ
ニ
ホ
ヘ
ト
チ
リ
ヌ
ル
カ
タ
ヨ
ワ
イ　祖宗山
ロ　主山
ハ　入首
ニ　頭脳
ホ　眉砂
ヘ　明堂
ト　穴
チ　内白虎
リ　内青龍
ヌ　外白虎
ル　外青龍
ヲ　案山
ワ　朝山
カ　水
ヨ　外水口
タ　内水口

理想的風水地形（『朝鮮の風水』朝鮮総督府より）

図は、一九三一年、朝鮮総督府が発行した村山智順の『朝鮮の風水』に理想的風水地形として載せられているものである。

大宰府政庁跡に立ってみよう。主山（ロ）たる大野山（四王寺山）から流れ出す気は、正殿背後の丘陵を入首《にゅうしゅ》（ハ）とし、内青龍《うちせいりゅう》（リ）の月山《つきやま》、内白虎《うちびゃっこ》（チ）の蔵司《くらのつかさ》の丘陵に流れ、その生気がほとばしる明堂《みやんどう》（ヘ）に大宰府政庁が置かれている。その気はやがて穏やかに御笠川のほうへ流れ出し、それを受け止める朝山《ちょうざん》（ワ）には基山が相当し、

大宰府政庁跡周辺の地形。北の大野山から龍がくねるように低丘陵がのび、南に御笠川が見える（九州歴史資料館提供）

案山《あんざん》（ヲ）は天拝山だろうか。さらに外には、宝満・大根地《おおねち》の山並みが外青龍をなし、西には脊振山地の山々、外白虎が望まれる。しかも北が高く、南に向かって緩やかに下がっている。まさに教科書どおりの地形をなしている。

日本最初の本格的な宮都・藤原京の建設にあたっても、この思想が用いられたことが『万葉集』巻一の「藤原宮の役民《えだち》の作る歌」や「藤原宮の御井《みい》の歌」から推察される。藤原宮の御井の歌では、香具山、畝傍《うねび》山、耳成《みみなし》山、さらには吉野の山へと四方の山を讃美している。畝傍・耳成・天の香具山は、都を衛る山だからこそ「大和三山《やまとさんざん》」なのである。

大宰府の都城は、百済からの亡命高官の指導によって造営された。そして百済では風水は官人の教養であったという。とすると、『朝鮮の風水』によるような説で政庁の地が選地されたとしてもよいのではないだろうか。そして、その政庁の中枢部（正殿）が当初から同じ場所で何度も建て替えられているのも、ここが最も「気」のほとばしる穴《けつ》（龍穴）だと観測されたからではないだろうか。

もちろん選地にあたってはもっと複雑な条件が様々検討されたであろうし、『朝鮮の風水』自体は二十世紀の書物であり、それを一〇〇〇年以上も遡らせることは如何とも思われるが、素人なりに一〇〇〇年前と変わらぬ山々や川などの地形観察をすると、全く風水の図に適っている場所に大宰府政庁は置かれていると感ずるのである。ちなみに、「養老職員令」に大宰府の官職として「陰陽師」が定められており、その仕事に「占筮《せんぜい》・相地《そうち》」とある。風水の知識を駆使して官衙や墓地の場所を選地することもあったであろう。

大宰府の鬼門除け・宝満山

大宰府政庁正殿跡に立ち東北方を眺めると、ひときわ高い山が聳《そび》えている。古くは御笠山《みかさやま》、竈門山《かまどやま》ともいわれた標高八二九・六メートルの宝満山《ほうまんざん》である。登山道の険しさにもかかわらず、多くの登山者を集め、福岡市近郊にあって最も人々に親しまれている山である。

この山には竈門神社が鎮座している。「縁起」によると、大宰府がこの地に建てられた時、その鬼門除けに八百万神《やおよろずのかみ》を祀ったのがこの山の祭祀の始まりだという。「鬼門」は、陰陽道において鬼や悪神が出入りするとして忌み嫌った方角であり、東北を表鬼門、その反対の西南を裏鬼門といった。現在でも家の建築に際して、玄関やトイレを鬼門にもってくることは忌み嫌われている。

『愚管抄《ぐかんしょう》』の作者として知られる鎌倉初期の天台座主・慈鎮和尚《じちんかしょう》慈円《じえん》の歌に、

わが山は花の都の丑寅《うしとら》に鬼いる門をふさぐとぞきく
（『拾玉集』）

というのがある。わが山とは比叡山のこと。比叡山は花の都の東北にあって鬼門を塞いでいる、というのである。「比叡山が平安京の鬼門にあたり、鬼門除けのために延暦寺が建てられた」という話は、少なくとも平安時代後期には一般にも言い習わされたことであった。

大宰府政庁跡から宝満山を望む時、私はいつも「大宰府の比叡山」という感を持つ。古代都市の東北に位置していることといい、天台仏教が栄えたことといい、二つの山には大きな共通点がある。

宝満山が大宰府の鬼門除けだと信じられてきたことは事実である。しかしこの山で祭祀が行われるようになった理由は、それだけのことであろうか。宝満山では、従来知られていた上宮の建つ頂上の巨岩からばかりではなく、山中諸処で八世紀からの祭祀遺物が採取され、まさに八百万神を祀った状況を彷彿とさせるのである。同時代の文献史料がなく、祭祀の実態やその意味、何が祈られたかは推察するしかないが、頂上での祭祀方法など、沖ノ島の同時代の祭祀遺跡と共通するものがあり、大宰府が関わった国家的祭祀が行われたのではないかとされている。殊に「蕃」と書かれた墨書土器が複数出土していることが注目される。蕃は中華思想による西側の外国。宝満山でも外敵に対する祈願が行われていたことを証する遺物であろう。

海を向いて建つ竈門神社上宮（竈門神社提供）

宝満山には八世紀後半に竈門山寺が創建された。延暦二十二（八〇三）年には最澄が参籠し、入唐求法《にっとうぐほう》の平安を祈っている。出土した和同開珎《わどうかいちん》を始めとする皇朝十二銭の分析から、この山で遣唐使の航海の安全を祈ったことが指摘されているが、平城京の東、春日山や御蓋山の麓で遣唐使の安全が祈られた事実に引き比べ興味深い。

大宰府の条坊

太宰府の周りにたたなずく山々は、まことに「山河襟帯《さんがきんたい》自然に城をなし」ている。それは現実に目に見える形の城であり、また目に見えない精神世界の城でもある。その城に囲まれた地に碁盤の目のような町割り、つまり条坊が布かれていた。

大宰府の条坊説を最初に打ち出したのは、九州歴史資料館初代館長・鏡山猛氏である。鏡山氏は「観世音寺文書」に条・坊・右郭などの表現があることから、大宰府に何らかの形で条坊制による都市計画が存在したことを指摘し、政庁跡や観世音寺に遺る礎石から、方四町の庁域、その東隣に方二町の学業（校）院、さらに東に方三町の観世音寺境内を復元し、さらに当時はまだふんだんに存在した畦畔を観察して、南北二十二条・東西各十二坊、計二十四坊の条坊を復元させた。条坊の一区画は条里の一町に該当するとし、全体として南北二・四キロ、東西二・六キロの範囲と推定された。

現在の条坊跡の発掘調査はいわばこれを検証する形で行われており、その後いくつかの条坊案が出されているが、基本的には鏡山氏の説を大幅に修正するものではない。ただ府庁域については、九州歴史資料館で長年大宰府発掘の指揮を執ってこられた石松好雄氏が、発掘調査の成果により、大宰府政庁を中心にして東西八町（約九〇〇メートル）・南北四町、政庁前面に御笠川までの範囲に張り出しを持った修正案を提示された。実は、鏡山説では政庁の前を通る道（推定五条通）の南からすぐ朱雀大路が出ることになっていて、これによって「昭和の朱雀大路」が計画されたのだが、その敷設に伴う発掘調査により、皮肉にもここには道路はなく、政庁の東西幅（一一一メートル）の範囲は広場で、建物が一棟あるだけということが判明した。しかも政庁の中

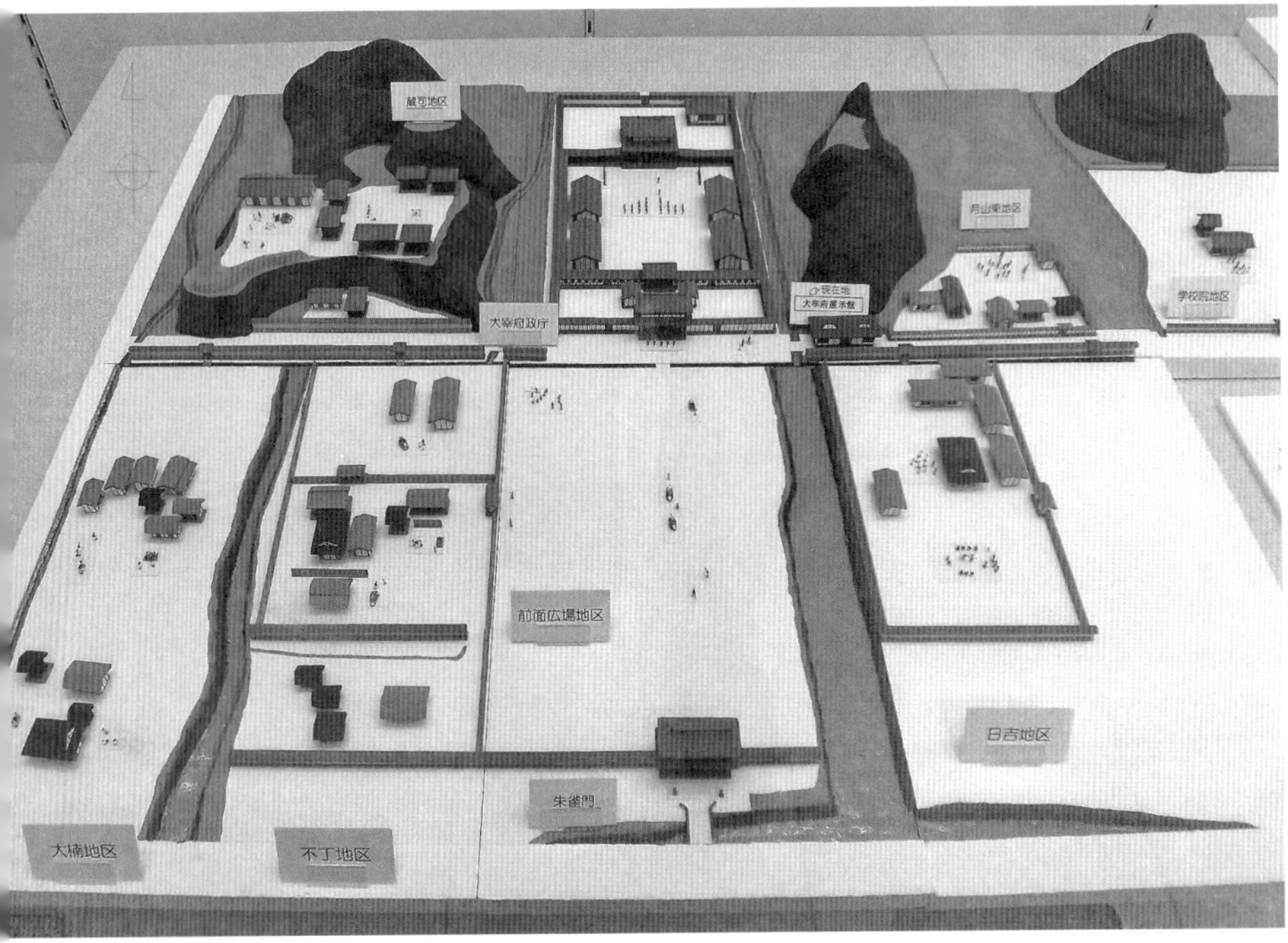

官衙域復元模型（森野晴洋氏製作）

軸線が南の御笠川と交わる地点で、昭和五十七（一九八二）年の河川改修工事の際に巨大な石が発見されたのだ。その石は現在朱雀大橋のたもとに展示されているが、縦・横・高さがそれぞれ二メートルほどもあるもので、柱座の造り出しがあり、おそらく府庁域に入るための、都で言えば「朱雀門」にあたる門の礎石ではなかろうかと考えられた。

　政庁の西にある蔵司の前面は小字「不丁《ふちょう》」といい、これは「府庁」に通じるものと考えられていたが、案の定、二条の南北溝にはさまれた地に役所らしい建物の跡が見つかり、溝からは貴重な木簡が多数出土した。また不丁の地を東に折り返した所は日吉地区官衙跡で、ここにも役所があったと考えられた。

　不丁地区官衙跡の西は大きな溝で画され、その西に大楠地区、さらに西に広丸地区が発掘されたが、この辺りは官人の住居の跡と考えられた。しかし、その後の発掘調査の成果を検証し、現在では大楠地区、その北の来木《らいき》地区も官衙跡であると考えられるようになった。

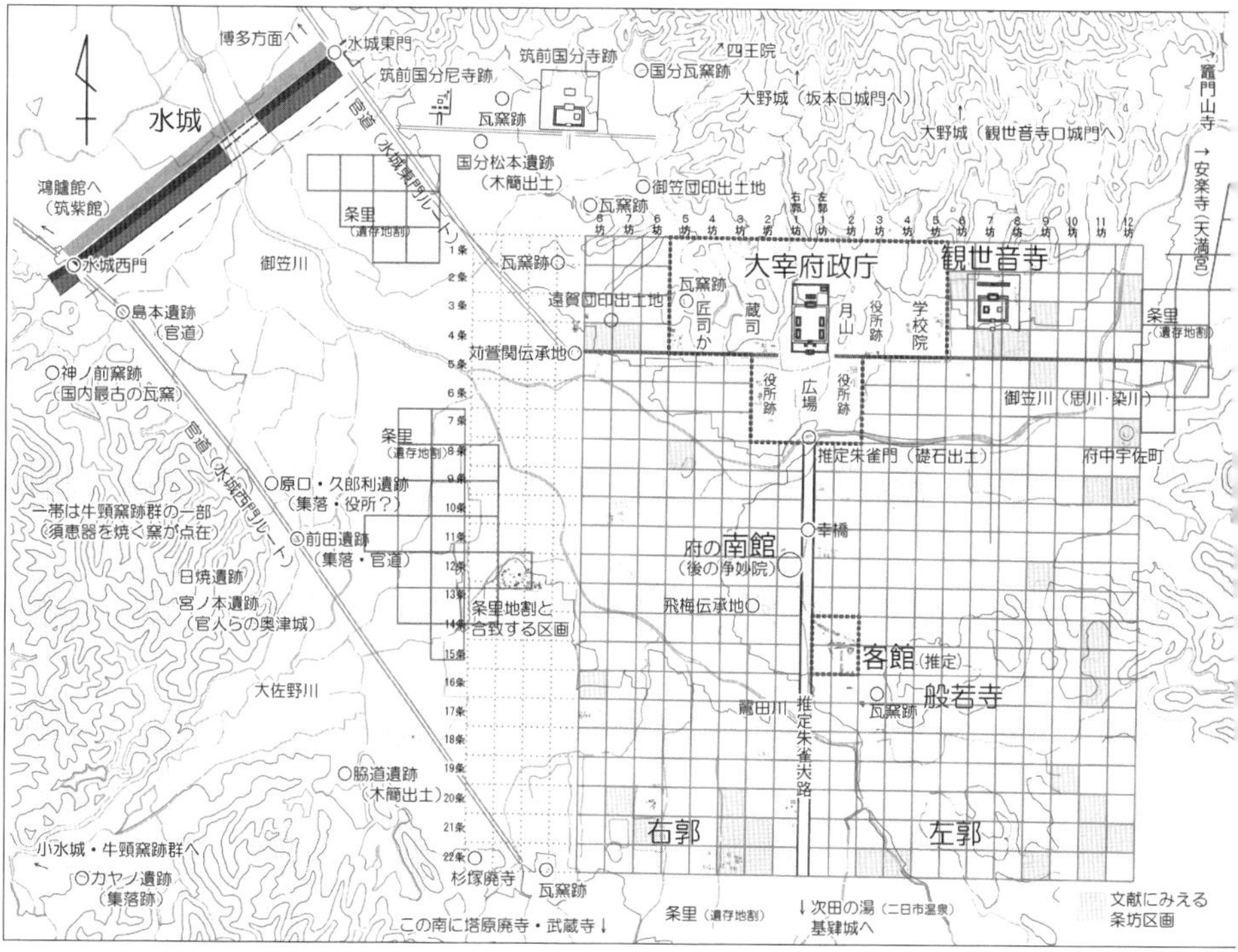

大宰府条坊跡および周辺図（『太宰府条坊跡44』太宰府市教育委員会より）

『太宰府市史　建築・美術工芸資料編』で、日本都市建築史学者・宮本雅明氏は、それまでの研究の論点を整理・再検討し、基準単位を小尺三〇〇尺＝大尺二五〇尺（約九〇メートル）とする条坊復元を行い、石松氏の説をも導入して、南北二十二条、東西それぞれ十二坊の復元案を提示された。これによると、裏鬼門に当たる西南隅に杉塚廃寺が当てはまっている。

上の図は、五十年にわたる地道な発掘調査の成果と測量データによる研究を積み上げた最新の井上信正氏による条坊復元案である。これによると政庁第Ⅱ期段階には大宰府には正方形の地割、つまり一区画一辺九〇メートルの条坊が存在したとされている。ただし東側（左郭）は従来の説通り十二坊、南北も二十二条あるとされているが、西側（右郭）は八坊まで。その西側には、それ以前の条里地割と合致する区画が部分的に確認されている。また、条坊区画と政庁・朱雀大路、観世音寺の中軸線とは合致しないが、これは政庁Ⅰ期に条坊施工されたからだとしておられる。また持統八（六九四）年に遷都した藤原京の造営に関して、天武・持統期に「新城」の名称が繰り返し登場することを踏まえ、持統三年「於筑紫　給送位記　且《また》監新城《にいき》」とある「新城」は、筑紫大宰府の条坊施工を意識したものと推測されている。

平成三十年、小田富士雄氏は大宰府史跡発掘五十周年記念論文集『大宰府の研究』において、これまでの大宰府都城調査の成果をまとめ検討された上で、石松氏が提示された逆「凸」字型府庁プラン案に対して、その後の調査成果によって導き出された、一区画九〇メートル四方の条坊案をかぶせた長方形のプランを提示された。これによると、東の学校院地区と西の来木地区は府庁域に含まず、東西六町・南北七町で、石松氏の説より北側は一町少なく、南側に一町のばしたプランとなっている。河川改修の際、推定朱雀門の礎石が出土した御笠川まで府庁域が広がることとなる。

南から朱雀大路を進んだ外国使節は、御笠川にかかる朱雀大橋を渡るとすぐに朱雀門をくぐり、眼前に広がる広場の向こうに聳える南大門を仰ぎ見た。そんな光景を大宰府展示館に設置されたＶＲ（バーチャル・リアリティ）で体感できる。

府の大寺

府庁域（石松説）の東に隣接して、方三町の寺域を占める観世音寺がある。今は長い楠の参道の奥にひっそりと佇む「古刹」という風情であるが、古代観世音寺は、大宰府政庁が政治的な意味で九州を統括したように、宗教的な意味で九州を統括した寺院であり、「府の大寺」と呼ばれた。百済救援のために西下し朝倉　橘　広《あさくらのたちばなのひろ》庭　宮《にわのみや》で崩御した母帝斉明天皇の菩提を弔うために、天智天皇が発願した寺である。西隣にある戒壇院は、現在、博多聖福寺《しょうふくじ》の末寺で臨済宗の禅寺であるが、もともとは、「日本三戒壇」の一つ、西の戒壇として、天平宝字五（七六一）年、観世音寺の西南角に設けられた観世音寺の付属施設であった。ここで戒を受けエリート・コースに乗った僧尼は、諸国の国分寺などに赴任した。観世音寺は戒壇院を持つことによって西海道諸国の僧尼と寺院を管轄し、名実ともに「府の大寺」たり得たのである。

観世音寺の伽藍配置は「観世音寺式」といわれる独特の伽藍配置で、北に講堂があり、回廊に囲まれた中に金堂と塔が向き合う形で配置されている。金堂が南面せず五重塔の方向、東を向いているのは、阿弥陀如来が西方極楽浄土から斉明天皇に救いの手をさしのべている形ではないかと、仏教史学の権威・田村圓澄《たむらえんちょう》氏にご教示をいただいたことがある。

　同じ伽藍配置を採る寺院に、多賀城廃寺がある。多賀城と大宰府は古代日本列島の東西端に置かれた重要官衙。近年、多賀城に近い山王遺跡から「観音寺」と墨書された土器が出土し、多賀城廃寺の寺名は「観世音寺」であったのではないかと言われるようになった。須田勉氏は「多賀城廃寺は筑紫観世音寺に対する陸奥観世音寺なのである」と『日本考古

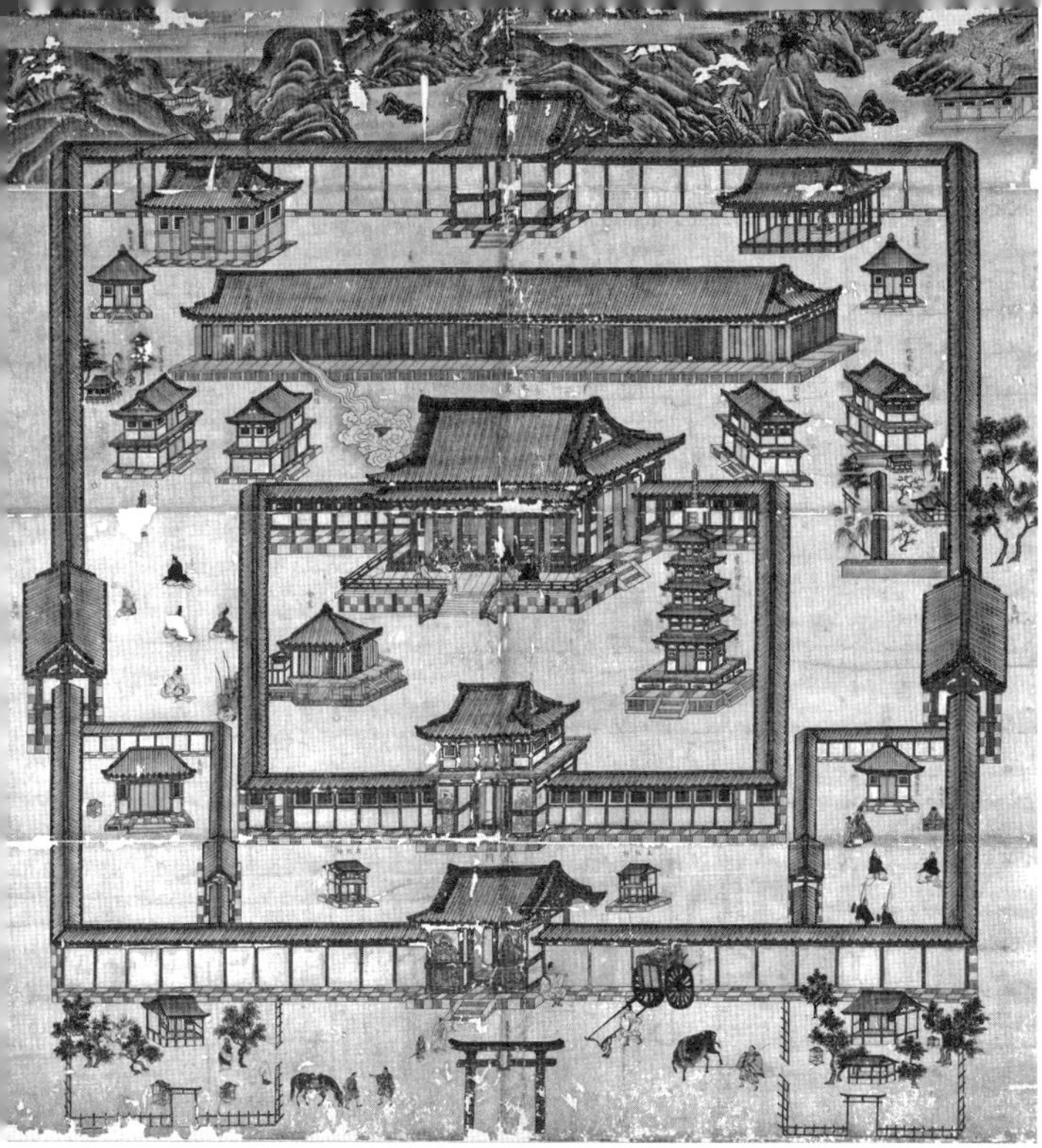

観世音寺伽藍絵図（観世音寺蔵。山﨑信一氏撮影。写真：九州国立博物館提供）

学』十五号に発表しておられる。

一方は蝦夷地に対する最前線、一方は大陸・半島に対する最前線。この地にある寺においては「鎮護国家」を祈念することこそ重要な任務であった。その本尊として相応しいと考えられたのが観世音菩薩であり、その本尊によって「観世音寺」の寺名が与えられたと考えられる。観世音寺はまさに大宰府の担う役割を宗教的に守護する寺院として創建されたのである。

斉明天皇追善の寺として発願されたことの意味は、金堂の中尊として安置された阿弥陀三尊像によってその役目が果たされている。もう一つの大きな役割「鎮護国家」を担う観世音菩薩像は、延喜五（九〇五）年の『観世音寺資財帳』の記述により、講堂の本尊として祀られていたことが知られる。

現在、観世音寺には聖観音・十一面観音・馬頭観音・不空羂索《ふくうけんじやく》観音など、様々なお姿の観音像が、宝蔵の中に安置されている。「資財帳」からは当初観世音菩薩像は一躯しかなかったことが知られる。それではどの観音様なのだろうか。

宝蔵の二階にあがると、正面に三体並ぶ五メートルを超す堂々たる丈六像の観音像が目に飛び込む。向かって右の木造不空羂索観音立像の胎内には、元の塑像の髪や耳や鼻のかけらと心木、不空羂索呪経・紺紙金泥の「法華経」の経巻が納められていた。今、ケースに入れられている塑像のかけらをよく見ると、雲母が混じった塑土にわずかに金箔や群青色が残っていて、当時のきらびやかなお姿が偲ばれる。心木は元々の塑像のもので、現状一九二センチを測り、納入に際して下半は切断されているが、姿勢正しく胸を張ったまっすぐな立ち姿が窺え、頭部の穴からは頭上に十一面を挿した現在の木造の不空羂索観音像と変わらぬ姿を思い描くことができる。諸説ありながら、天平十二年頃の造像かとされてきた元の像は、「都においても一級品で、塑像の希有な大作にして美作であった」と、九州歴史資料館学芸員の井形進氏は評される。

不空羂索観音立像（観世音寺蔵、写真：九州歴史資料館提供）

木造の不空羂索観音立像の胎内には銘があり、「元の塑像の不空羂索観音は康平七年の火災で堂塔・廻廊・僧房が炎上した時も、猛煙の中に常住の相を現じた『希異』の尊像だったが、承久三（一二二一）年七月十二日真夜中、突然転倒し粉々に砕けてしまった。人々は、寺家の滅亡か大宰府衰退の知らせかと畏れ、再興に全力を尽くし、清水寺妙見の御前の樟《くすのき》を用いて木造の不空羂索観音像を作り、貞応元（一二二二）年八月十四日に完成した」と書かれている。塑像が転倒して大樟を伐り出し、新しい像が完成するまでにわずか一年。当時の人々のこの「霊像」に対する畏怖が伝わってくるようだ。

不空羂索観音は手にした羂索で苦海に沈む衆生を救ってくださる。波濤を越え唐や新羅に赴く使者、あるいは外国から我が国にやって来る人々の道中安穏を守護する強い力があるとイメージされたであろうし、その巨大な立像は、常に海外と対峙している国境の地にあって鎮護国家を祈願されるにふさわしい力強い姿であった。不空羂索観音についての経典である不空羂索呪経、不空羂索神呪心経、不空羂索陀羅尼自在王経などの経典が本格的に将来されたのは、天平七年の玄昉《げんぼう》の唐よりの帰国を待たねばならなかった。すなわち不空羂索観音像は天平年間に至って初めて造像可能となった仏像で、その造立が観世音寺発願当初から予定されたものではなかったといえる。そしてこの観音像を観世音寺に導入した人こそ、玄昉その人だったと考えられるのである。

玄昉は吉備真備とともに入唐し、玄宗皇帝

に才能を認められ三品に準じ紫の袈裟を与えられた。帰国後、聖武天皇の母・藤原宮子の病気を祈禱により回復させたことで天皇の信頼を得、橘諸兄《たちばなのもろえ》政権下、吉備真備《きびのまきび》と共に活躍したが、二人を除くように要求して挙兵した大宰少弐藤原広嗣の乱などもあり、藤原仲麻呂が権力を持つようになると、天平十七年、造観世音寺別当として左遷された。

翌十八年七月十五日、玄昉は観世音寺供養の日、腰輿《こごし》に乗って導師を勤めていた時に突然亡くなった。『続日本紀』の玄昉の卒伝には「藤原広嗣が霊の為に害せらる」とあり、『元亨釈書《げんこうしゃくしょ》』には「空中から手が現れ、玄昉をつかみあげ、胴体はバラバラになって参列していた人々の上に落ち、頭は後日興福寺に落ちていた。広嗣の怨霊のなせる業だ」という奇怪な話に発展している。「藤原広嗣の残党に暗殺された」ともいわれるが、そのような文言は史料には見られない。むしろ突然の病死が、当時の人々に「広嗣の怨霊に取り殺された」と感じさせたのであろう。

観世音寺の創建について、和銅二（七〇九）年、元明天皇が観世音寺の造営を促進させるようにという詔を出したこともあり、従来、観世音寺の落慶は、玄昉が亡くなった天平十八（七四五）年とされてきた。『扶桑《ふそう》略記《りゃくき》』に玄昉が亡くなったのは「観世音寺供養の日」であったとあるからである。しかし天平七年、大宰府管内に疫病が流行したため部内の神祇に奉幣し、「府の大寺」および諸寺に金剛般若経の読経を命じている『続日本紀』の記事がある。「府の大寺」は観世音寺のこと。天平期にはすでに「大寺」と呼ばれる寺院としての活動をしていたことになる。

考古学者でもある観世音寺住職・石田琳彰《りんしょう》氏は、天平三年に、勅により大宰府が観世音寺に新伎楽具《ぎがくぐ》を施入していること、さらに遡り六八六（朱鳥元）年、新羅使金智祥《きむちしょう》らを饗応するため、川原寺の伎楽が筑紫に運ばれたという『日本書紀』の記事があること、この年に経済基盤となる封二〇〇戸が観世音寺に施入されていること、梵鐘の製作年代等々を勘案し、六八六年には、寺院としての活動ができるほどまでに伽藍は完成していたと考えておられる。そして天平十八年の「供養」は本尊の開眼供養であるとされる。

観世音寺の仏像

不空羂索観音については前項で縷々述べてきたが、観世音寺のほかの仏についても少し述べておこう。

鎮護国家といえば、兜跋《とばつ》毘沙門天《びしゃもんてん》にまつわる話も興味深い。

トバツは、吐番（チベット）の国名だとかホータン地方をさす古代トルコ語（Tubbat）だとか、冬季着用する外套の意味だとか様々に解釈されているが、『宋高僧伝』には「唐の玄宗の天宝年中、安西城がチベットに攻められた時、毘沙門天が五〇〇の兵を率いて救援に駆けつけた。城北の門楼で、にらみをきかせて敵を追い払った。こういういわれから城楼にこの毘沙門天の像を置くようになった」と述べられている。日本でも、京都の東寺（教王護国寺）の兜跋毘沙門天像が、もと羅城門の楼上に安置されていたものだとして有名である。この像は唐から舶載されたもので、いかにも中国風だが、観世音寺の像は和様の兜跋毘沙門天像で、よく対比して語られる。

　カッと見開いた眼、強く結んだ

兜跋毘沙門天立像（観世音寺蔵、写真：太宰府市教育委員会提供）

口は気迫に溢れ、背後の火焔からひねった腰に流れるラインも美しい。雲の中から上半身を出し毘沙門天を支える地天まで樟の一木で彫り出し、地天の背後にいる邪鬼、ニランバ・ビランバも共木で作っている。地天は女神像を思わせる風格を持ち、邪鬼のどことなくユーモラスな表情もほほえましい。

この像は宝蔵の中で一番古いと考えられているが、不思議なことに観世音寺の古い記録にはその存在を見ることができない。一体どこから来られた毘沙門天なのだろうか。古くから、東寺の兜跋毘沙門天の例にもあるように、大宰府にも羅城門に相当する門があって、そこにあったのではないかといわれてきたが、最近の説では、元別府大学教授・八尋和泉氏は天暦元（九四七）年に安楽寺天満宮の東法華堂に造立安置された毘沙門天像に注目され、美術史家の北進一氏は観世音寺境内の宝満宮に祀られていたものではないかと推察されている。

金堂に安置されていた当初の阿弥陀如来は、金色燦然と輝く銅鋳の丈六仏（一丈六尺）で、観音・勢至の両脇侍菩薩を従え、四天王像が囲繞《いにょう》していた。しかし今、宝蔵に安置されている阿弥陀仏は木造の坐像である。保安年中（一一二〇－二四年）、大宰大弐・藤原長実の御願《ごがん》で作られたという現在の像は、樟材で作られたが、何度も災難にあったらしく、杉や檜《ひのき》で補修されている。当初の阿弥陀仏は百済の国から献じられたもので、康治二（一一四三）年六月の火災にも、猛火の中、尊容は変わらなかったが（『百練抄』）、損傷が激しかったらしく、やがて木造の阿弥陀如来に本尊の位置を譲り、ついには戦国時代の天正十四（一五八六）年、島津勢が岩屋城に高橋紹運《じょううん》を攻めた際、鋳潰《いつぶ》されて刀の鍔《つば》にされてしまったと伝えられている（『太宰管内志』）。

日本最古の梵鐘

観世音寺が全国に名高いのは「観世音寺の鐘」によってであろう。環境庁の「日本の音風景百選」にも選ばれたこの梵鐘は、菅原道真公が配所「府の南館」で詠んだ詩の一節、「都府楼は纔《わずか》に瓦色を看、観音寺は只鐘声を聴く」の詩とともにあまりにも有名である。戒壇院の太室玄昭《たしつげんしょう》の尽力により聖福寺の住職となるべく京都より西下した仙厓《せんがい》は、赴任まもなく太宰府を訪れ、

荒れ果てし西の都に来てみれば観世音寺の入相の鐘

と詠んでいる。実は江戸時代、観世音寺の鐘は太宰府天満宮に預けられていたのであるが、荒れ果てた西の都の無常の中で聴くものは、菅原道真公もお聴きになった一〇〇〇年変わらぬ鐘の声でなければならなかった。長い歴史の流れの中で、どんなに多くの人がこの鐘の音に心慰められたことだろうか。

観世音寺の鐘が京都妙心寺の鐘と「兄弟の鐘」であるということは古くからいわれた学説であった。昭和五十九（一九八四）年春、九州歴史資料館の開館十周年記念展として「国宝　観世音寺鐘・妙心寺鐘とその時代」という展覧会が開催され、妙心寺の鐘が初めて里帰りし、観世音寺の鐘と並べて展示された。「里帰り」というのは、妙心寺の鐘の内側にある「戊戌年四月十三日壬寅　収　糟屋評造春米連広国　鋳鍾」という銘による。糟屋評《かすやのこおり》は今の福岡県糟屋郡、「評」という文字を決め手として戊戌《つちのえいぬ》の年が文武天皇の二年（六九八年）だと考証したのは、江戸時代の学者・狩谷掖斎《かりやえきさい》であった。爾来、紀年銘のある梵鐘としては最古のものとして、あまりにも有名である。

一方、観世音寺の鐘にはちゃんとした銘はないが、

観世音寺梵鐘（観世音寺蔵、写真：九州歴史資料館提供）

口縁下端に「上三毛」の線刻があり、これについて筑紫豊氏が大宝二（七〇二）年の戸籍帳にある豊前国上《かみつ》三毛郡《みけぐん》だと指摘された。上三毛郡は現在の福岡県築上郡。この辺りには、朝鮮半島から渡来した鋳造技術に優れた人々が住んでいて、二つの鐘の意匠にも、新羅系古瓦や新羅の首都・慶州の宮殿跡「雁鴨池《アナプチ》」から出土する瓦や塼《せん》の模様との共通性が見られるのである。

さて、妙心寺の鐘と観世音寺の鐘は本当に兄弟なのか。

両鐘を比べてみると、鐘を吊り下げる部分の龍頭が観世音寺のもののほうが大きく、力強い彫りである点と、鐘身の上下に施された唐草文が、観世音寺鐘は忍冬唐草文《にんどうからくさもん》、妙心寺鐘が宝相華文《ほうそうげもん》という相違点を除いては、その鐘身の大きさも形も、表面に鋳出された袈裟《けさ》襷文《だすきもん》も撞座《つきざ》の蓮華文も全く同様であることから、鋳型作成時の原型が同じものであり、二つの鐘が同じ工房で相前後して作られたであろうことが判明した。

このように、観世音寺の鐘が国際的な技術をもって作られ、一三〇〇年以上の長きにわたって変わらぬ音色を響かせていることはまことに感慨深い。

天下の一都会

『続日本紀』神護景雲三（七六九）年十月条に、大宰府は「人物殷繁《いんぱん》、天下之一都会也」とあることは、大宰府の繁栄を表す文章としてよく引き合いに出される。

水城・大野城・基肄城に囲まれた地に九州の首都たる機能を持たせた都市をつくるという計画は、水城・大野城・基肄城の建設と一体のものとして考えられていたらしく、七世紀後半にはすでに条坊域内外で窪地が埋められるなど、都市建設に向けての整地が始まっている様子が発掘調査から窺えた。八世紀の前半には、まず朱雀大路沿いのエリアに大型の居館的な建物が建設され、八世紀後半になってようやく全体的に条坊路が布かれ、「天下の一都会」という状況となったようだ。ちなみに菅原道真公の配所は「府の南館」。朱雀大路に面した右郭一坊十一・二条という、大宰府条坊のほぼ中央、時折り物売りの声や轍《わだち》の音も聞こえるという繁華な所にあった。

平安後期から中世前期にかけては、大宰府では生活空間が最も拡大した時期で、町の賑わいは、南方向と太宰府天満宮のある北東方向にまで広がった。政庁は十一世紀後半―十二世紀初頭に廃絶し、やがて付近は田園風景となっていくが、かわって天満宮を中心にその門前町と、現在の太宰府市五条付近の商工業地帯が賑わいを見せ、鎌倉幕府や室町幕府の出先も五条から市役所付近にあったと推測されている。また四王寺山の山裾には、西から国分尼寺、国分寺、坂本善正寺、観世音寺及びその子院、横岳崇福寺《よこだけそうふくじ》、原山無量寺《はらやまむりょうじ》といった寺々がそれぞれ広大な寺域を占め、宝満山には大山寺《だいせんじ》（有智山寺《うちやまでら》）、そして宝満山と四王寺山の間には菅原道真公の廟所・安楽寺天満宮（現・太宰府天満宮）があった。

西鉄二日市駅に接する東北丘陵上には般若寺《はんにゃじ》があった。現在はすっかり住宅地となり、民家の庭のように見える狭いスペースに、国指定重要文化財の鎌倉時代の七重の石塔があり、その近くにわずかな礎石が残っている。この寺はもともと筑紫野市塔原《とうのはる》にあった寺が、大宰府が整備された段階で、この丘陵上に移されたのではないかと考えられている。

塔原の県道沿いには、この辺りでは最も立派な塔の心礎《しんそ》がある。この塔を持つ寺は『上宮聖徳法王帝説《じょうぐうしょうとくほうおうていせつ》』の裏書きに、実名のわかる最初の筑紫大宰帥・蘇我日向臣無耶志《そがのひむかのおみむさし》が「孝徳天皇の病気平癒を祈って般若寺を建てた」とある般若寺の跡ではないかとされている。無耶志は大化改新の時、蘇我氏でありながら中大兄皇子《なかのおおえのおうじ》方についた蘇我倉山田石川麻呂《そがのくらやまだいしかわまろ》の弟で、兄を讒言《ざんげん》した罪で筑紫に左遷された。倉山田石川麻呂が自害した山田寺と同系統の瓦が塔原の心礎の付近から出ることや、この心礎に四角い舎利孔《しゃりこう》があること、さらには二日市の般若寺の調査が示す年代などから小田富士雄氏はこのように推論された。

国分寺・国分尼寺は、天平十三（七四一）年の聖武天皇の詔によって全国六十余州の国ごとに造られた寺であることはよく知られている。その前年、大宰少弐・藤原広嗣は、「政治が乱れ、天然痘などという悪い病気が流行るのは、玄昉や吉備真備といった輩が権力をふるっているからだ」と言って、二人を除くことを要求し大宰府で乱を起こした。これに先立ち、広嗣の父・宇合《うまかい》をはじめ政治の中枢にあった藤原四兄弟が天然痘のため相次いで亡くなっていた。藤原氏不在の間隙に橘諸兄《たちばなのもろえ》が政権を握り、清新の知識を身につけ唐から帰国したばかりの玄昉・吉備真備を重用したのである。

広嗣の乱は大宰府のみならず中央政権をも震撼させたが、間もなく平定された。しかし天皇の衝撃は大きく、平城京を捨て恭仁京《くにきょう》へ遷都し、ここで東大寺大仏造立、国分寺・国分尼寺建立の詔が出されるのである。

筑前国分寺は、詔が出された後、比較的早く建立されたと考えられている。江戸時代には薬師堂一宇と講堂や塔の跡が遺るのみ、尼寺は国分寺の西四〇〇メートルの所に礎石が二十ばかり遺るだけとなっていた。明治になって国分寺は真言宗の寺として再建され、現在では発掘調査の成果に基づいて、瓦積基壇の講堂跡や塔跡、回廊跡などが平面復元されている。近くの「太宰府市文化ふれあい館」の庭には、国分寺の七重塔の十分の一の模型が設置され、同館のシンボルともなっている。本尊は寺伝では薬師如来であるが、像容からは宝冠の釈迦か大日如来と考えられている。どっしりとした如来像で、国の重要文化財に指定されている。

まことに大宰府は、水城・大野城・基肄城など実際の防衛施設にも、自然の山河にも、そして精神世界の目に見えない力にも護られた、「天下の一都会」であった。

遠の朝廷

大宰府政庁復原模型
（九州歴史資料館提供）

大宰府の成立と白村江の戦い

現在の地名や固有名詞では「太宰府市」「太宰府天満宮」など「太宰府」と表記するが、元をたどれば「大宰府」が正式な呼称であった。「大宰府」は和訓では「オオミコトモチノツカサ」と読む。ミコトモチは「命《みこと》持ち」、オオミコトとは天皇の命令、府は役所。つまり「天皇の命令を奉じて政治をする役所」という意味である。大宰府は律令制という古代の政治体制の中で地方の役所としては最大のものであった。

大宰はもともと東国・播磨・吉備・周防などにも置かれ、ある地方の国々の上に立つもの、あるいは朝廷直轄の存在だったと考えられている。そして律令制的な国司制が整備されるに伴って、一定の目的を達したそれらは発展的に廃止され、「大宝律令」が制定された時（七〇一年）には制度上筑紫大宰のみが残り、筑紫が取れて単に「大宰府」になったと考えられている。それまでの筑紫大宰（推古－持統朝）、筑紫率《そつ》（天智朝）、筑紫帥（天智朝）、筑紫大宰率（持統朝）、筑紫惣領《そうりょう》（文武朝）などにかわって、大宰府の長官「大宰帥《だざいのそち》」が史書に登場するのは、大宝二（七〇二）年のことであり、以後この職名が定着している。

大宰府を防衛する水城や大野城については、いつ造られたということがはっきりと『日本書紀』に書かれているが、大宰府そのものの設置についてはその記述がない。それ故、様々な説があるのだが、六六三年、日本が百済《くだら》を救援して唐・新羅《しらぎ》軍と朝鮮半島西岸で戦った白村江《はくすきのえ》の戦いの敗戦直後、現在地（太宰府市観世音寺四丁目）に造営されたとするのが一般的である。

発掘調査の結果は後で述べるとして、「大宰府」の初見を文献史料に探すと、『日本書紀』天智天皇十（六七一）年十一月条に、唐の使い郭務悰《かくむそう》など二〇〇〇人がやって来ることを対馬の国司が「筑紫大宰府」に報告し

郵便はがき

料金受取人払郵便

博多北局
承認

3217

差出有効期間
2021年10月30
日まで
（切手不要）

812-8790

158

福岡市博多区
奈良屋町13番4号

海鳥社営業部 行

通信欄

通信用カード

このはがきを，小社への通信または小社刊行書のご注文にご利用下さい。今後，新刊などのご案内をさせていただきます。ご記入いただいた個人情報は，ご注文をいただいた書籍の発送，お支払いの確認などのご連絡及び小社の新刊案内をお送りするために利用し，その目的以外での利用はいたしません。

新刊案内を［希望する　希望しない］

〒　　　　　　　　☎　（　　）

ご住所

ご氏名《フリガナ》　　　　（　　　歳）

お買い上げの書店名　　　　**大宰府と万葉の歌**

関心をお持ちの分野

歴史，民俗，文学，教育，思想，旅行，自然，その他（　　　）

ご意見，ご感想

購入申込欄

小社出版物は全国の書店，ネット書店で購入できます。トーハン，日販，大阪屋栗田，または地方・小出版流通センターの取扱書ということで最寄りの書店にご注文下さい。本状にて小社宛にご注文下さると，郵便振替用紙同封の上直送いたします（送料実費）。小社ホームページでもご注文できます。http://www.kaichosha-f.co.jp

書名		冊
書名		冊

た、という記事があり、持統天皇五（六九一）年条には、「直広肆《じきこうし》筑紫史益《ふひとまさる》が、筑紫大宰府典を拝命してから当年まで二十九年、まじめに勤めたので褒美をもらった」という記事がある。六九一年当年から二十九年前というと、時あたかも白村江の戦いが行われた六六三年にあたるのである。

それ以前、推古天皇十七（六〇九）年四月条には、「筑紫大宰」という語が初めて『日本書紀』に見える。百済の僧など八十五人が肥後国葦北津《あしきたのつ》に来泊したことを筑紫大宰が奏上したというのである。筑紫大宰にせよ、大宰府にせよ、史料に登場した時から外交関係における役割を果たしており、また対馬や肥後の事件を取り扱っていることから、九州を統轄する存在であったことを思わせるのである。

太宰府上空より博多湾を望む。山は大野城跡のある四王寺山（九州歴史資料館提供）

東アジアとの接点

なぜ、このような特別な役所なり役職なりが置かれたのか。それは、地図を広げて見れば一目瞭然。筑紫の地は日本の地図の上では西の辺境に位置している。しかし東アジアの地図を広げて見ると、中国大陸の東の縁に弧を描くように寄り添う日本列島の中で、筑紫は最も彼《か》の地に近く、殊に朝鮮半島とはまさに「一衣帯水《いちいたいすい》」の地を占めている。

歴史の授業で日本のあけぼのとして習った、『漢書』地理志の「洛浪海中《らくろうかいちゅう》に倭人《わじん》あり。別れて百余国をなす」というクニも、『魏志倭人伝』の女王卑弥呼の邪馬台国に至る途中の一大国《いきこく》や末盧国《まつらこく》、伊都国《いとこく》、奴国《なこく》など、所在の明らかなクニグニはすべて筑紫にあったし、江戸時代に博多湾頭に浮かぶ志賀島から発見された「漢委奴国王」印、いわゆる金印についても、『後漢書』に西暦五七年、後漢の光武帝が倭《わ》の奴国の王に印綬《いんじゅ》を賜ったという記事があり、筑紫と中国との古い交流の証として、日本の黎明を物語る貴重な国宝として、筑紫人の誇りとなっている。東アジア世界の中で筑紫の地は、扇の要のような場所。それ故、中央政府もこの地を直接抑えていることが肝要だったのである。

平成十二（二〇〇〇）年に福岡市博多区博多駅南五丁目で発掘された比恵遺跡第七十二次調査地点は、翌年の五月には国の史跡に指定された。竹下通り春住《はるずみ》町バス停横の広場から、四・五×五・五メートルの倉庫五棟と三本一組の柱が並ぶ柵列《さくれつ》が検出され、以前調査していた隣接地と合わせて、一辺六〇メートルの方形の柵列の中に、十棟の大型倉庫が整然と並ぶ遺跡の全体像が判明した。出土遺物が示す年代や付近に「三宅田《みやけだ》」、「犬飼」などという地名が残っていることなどから、ここが『日本書紀』宣化天皇元（五三六）年条にある「那津《なのつ》官家《みやけ》」の跡の可能性が大きいと考えられ、〝スピード指定〟となったのだ。

那津官家は当時の朝鮮半島の緊迫した情勢を受けて、非常時に備えた食糧・軍事基地であった。那津官家には倉庫のほかに兵舎や政庁もあったと考えられ、これをもって「大宰府」の前身とする説、また筑紫大宰の駐屯地はここだったとする説が古くから唱えられている。

もう一つの都

最近はあまりお目にかからないが、一昔前は観光パンフレットなどに「歴史とロマンのふるさと　遠《とお》の朝廷《みかど》

れる文学的な言葉だからだろうか。

どこか雅やかで、歴史とロマンの香りがする。この言葉が情緒に満ちて感じられるのは、『万葉集』だけに見ら

太宰府」とか「甦る遠の朝廷大宰府」などというキャッチコピーをよく目にした。「遠の朝廷」といえば、ど

「遠の朝廷」という言葉は、柿本人麻呂の歌に初めて現れる。

柿本朝臣人麻呂の筑紫国に下りし時に、海路にして作れる歌二首

名くはしき稲見の海の沖つ波千重《ちへ》に隠りぬ大和島根は（巻三・三〇三）

大君の遠の朝廷とあり通ふ島門《しまと》を見れば神代《かみよ》し思ほゆ（巻三・三〇四）

「私がお仕えする大君がお治めになる大和の朝廷と、遠くにある朝廷として人々が往来する筑紫。その途中にある瀬戸内海の海峡を見ると、この国をお生みになった遠い神代のことが偲ばれる」

都である大和と、辺境ではあるが海外に開かれた重要地点・筑紫との往来時に、国造りの神代を思うとは、さすが、後世「歌の神」と称せられた人の格調である。

新元号「令和」の考案者で国文学者の中西進氏は、九州歴史資料館開館十周年の記念論文集の中で、「遠の朝廷」を柿本人麻呂の造語だとした上で、「遠の朝廷とは、こうした大和および大和の色彩をおびた瀬戸内海の島々の延長線上に位置するものであり、官人として官命をおびて中央の官から旅立ってゆく者の意識が呼ばせた、大宰府の名称であった」とされ、また「地方へ赴任することの、もっとも典型的で格調の高いものといえば大宰府下向にあった……これに匹敵するような場所は他に存在しないのである」と述べておられる。

『万葉集』の中に「遠の朝廷」という言葉は八回用いられている。そのどれもが「大君の」「天皇《すめろぎ》の」という

語を冠して用いられている。一例だけ、「食国《をすくに》の　遠の朝廷に　汝等《いましら》し　かく退《まか》りなば……（巻六・九七三）」という聖武天皇の長歌があるが、それは天皇自身が詠んだ歌だからである。「食国」は「天皇が治める国土」であり、ここでは聖武天皇自身が「私が治める」という意で詠んでいるのである。

「遠の朝廷」といえば、遠方にあるもう一つの「都」といった意識を秘め、天皇あるいは大君のもの、まさに特別の存在だったのである。

道真公の造語「都府楼」

令和元年十月二十二日、「即位礼正殿の儀」が行われた日から西鉄都《と》府《ふ》楼《ろう》前駅には「令和の里」という副駅名がつけられた。坂本八幡宮最寄りの駅だという理由からだという。「都府楼」は大宰府政庁のこと。昔から福岡に住む人は、「大宰府政庁跡」というより「都府楼跡」という言い方に慣れ親しんできた。「都府楼」は、菅原道真公が配所「府の南館《なんかん》」でつくった次の詩によっている。

不出門

一従謫落就柴荊
萬死兢々跼蹐情
都府楼纔看瓦色
観音寺只聴鐘声
中懐好逐孤雲去

一たび謫落《たくらく》し柴荊《さいけい》に就《つ》きてより
萬死《ばんし》兢々《きょうきょう》たり　跼蹐《きょくせき》の情
都府楼は纔《わず》かに瓦色《がしょく》を看《み》
観音寺は只《ただ》鐘声《しょうせい》を聴く
中懐《ちゅうかい》は好し　孤雲を逐《お》うて去り

外物相逢満月迎
此地雖身無検繋
何為寸歩出門行

外物相逢うに　満月迎う
此の地　身に検繋《けんけい》なしと雖《いえ》ども
何為《なんす》れぞ　寸歩も門を出でて行かん

昌泰四（九〇一）年一月二十五日、右大臣兼右近衛大将《うこんえのたいしょう》・菅原道真公に、突然、「大宰権帥《だざいのごんのそち》に任ずる」との左遷の詔《みことのり》が下った。あわただしく自邸の梅に別れを告げ、二月一日都を発った道真公は、一月ほどで大宰府の配所に着いた。この詩はそれから間もなくしてつくられたものである。ひたすら謹慎の生活を送る心情に溢れた詩として、古来よく知られ愛誦されてきたが、とくに三句と四句は、今なおよく知られた一節である。

この三句目から「都府楼」という言い方が生まれた。つまり道真公の造語なのである。

この詩はご覧のように七言律詩。一行七文字、八行からなる形式の詩である。「都府楼」とは、「都督府《ととくふ》の楼閣」と言うところを字余りになるため「都府楼」と詰めたもの。ちなみに、四句目の「観音寺」は観世音寺のことである。西鉄都府楼前駅のロータリーにはこの対句のモニュメントがあるが、観音寺ではわかりにくいと考えたのだろうか、間違っていると思ったのだろうか、「観世音寺はただ鐘声を聴く」と〝改作〟されている。

都督府は中国で、魏《ぎ》以後、地方行政を担当した役所。平安時代には大宰府を「都督府」、そして帥《そち》なり権帥《ごんのそち》なり大弐《だいに》なり大宰府に赴任した長官を「都督」と称している。大宰府政庁の正殿跡の三基の石碑のうち、真ん中の角柱には雄渾《ゆうこん》の文字で「都督府古址」と刻されている。ちなみに、元々「筑紫館《つくしのたち》」といっていた施設は、この時期「鴻臚館《こうろかん》」と呼ばれるようになった。

江戸期の絵図で見ると、都府楼は正殿跡付近をさすようだ。今は広々とした空間に、正殿跡に建つ石碑以外は地上の構造物のない史跡公園として整備されているが、大宰府展示館にある復原模型によって、盛時の大宰府政庁の様を偲ぶことができる。ちなみに、「楼閣」は二階建て以上に見える建物。道真公はここに登庁することもなく、南七〇〇メートルほどの所にある配所「府の南館」から、はるかに都府楼の堂々たる甍《いらか》を眺めるだけであった。

大宰府の役割

このように特別な役所、律令制下における最大の地方官衙・大宰府の担った役目は、大きくいって三つ。すなわち、①西海道九国三島の統治、②海外との外交・文化交流の窓口、③軍事防衛の最前線であった。

西海道は今の九州全域。筑前・筑後・肥前・肥後・豊前・豊後・日向・薩摩・大隅の九国に壱岐・対馬・種子島の三島である。ただし種子島は天長元（八二四）年、大隅国に編入されたため「九国二島を治めた」といわれる場合もある。たとえば太宰府小学校の校歌には「大廈高楼《たいかこうろう》荘厳に　九州二島治めたる　太宰府の跡偲びつつ……」とある。

一般に「九国三（二）島を治めた」といわれてきたが、大宰府出土の木簡には「俺美嶋」や「伊藍嶋」と書かれたものがあり、奄美大島や沖永良部島までもが管轄下にあったのではないかという考えもあり、また一口に九国といっても、北部九州六国と南九州三国及び二島ではその統治のあり方に〝温度差〟があり、南三国のうちでも日向国は北部九州と南九州の中間的位置にあったと考えられている。

近年、大宰府の歴史的役割として最も強調されるのは、二番目の「外交・文化交流」という点である。

九州一の大都会・福岡市は、第九次基本計画（平成二十五－三十四年度）において、めざす都市像として「住みたい、行きたい、働きたい。アジアの交流拠点都市・福岡」を掲げ、具体的にあげる四つの項目の一つに「活力と存在感に満ちたアジアの拠点都市」をあげている。

福岡市は大宰府博多津であり、大宰府の任務を遂行するための港町「博多」が発展して現在の姿になった。その中心施設だったのが鴻臚館である。鴻臚館は難波（大阪）、平安京（京都）にもあったが、現在遺跡として明白なのは大宰府鴻臚館だけであって、「鴻臚館」といえば「福岡市にあった古代の迎賓館兼貿易センター」というのが一般の認識であるようだ。まさに鴻臚館こそは福岡市のめざす都市像にこの上もなくマッチした遺跡といえよう。

昭和六十二（一九八七）年十二月二十五日、平和台球場の外野席改修工事に伴う発掘調査で発見された鴻臚館跡は、まさに福岡市民へのクリスマス・プレゼントだった。年の瀬だというのに、氷雨降る中、平和台には一万人もの見学者が押しかけ大変な騒ぎになった。終戦直後、国民を元気づけるものとして野球場が建設され、鴻臚館跡は一部識者にその存在を知られながらもグラウンドの下に埋没させられていたのだが、まさに時代の要請に応えて甦ったのである。

新しい球場、福岡ヤフオク！ドームは地行浜に造られ、平和台球場跡地では発掘調査で検出された遺構を保護する覆屋《おおいや》も建設され、出土遺物や一部復元された建物も展示されている。今日では、その全体像も明らかになり、模型や映像などで外国使節が行き交った往時を偲ぶこともできる。現地にもう一つ重なる国指定史跡「福岡城跡」と一体的な保存整備も検討されている。

「九州人百年の夢」といわれた九州国立博物館は、「日本文化の形成をアジア史的観点から捉える」をその理念として、平成十七（二〇〇五）年十月十六日に太宰府天満宮の巽《たつみ》（東南）の丘に開館した。「古来、日本は海外からの文化を摂取し、日本風に消化し、日本独特の文化を形成してきた。その窓口は常に九州だった」ということが、今や九州人のアイデンティティとして形成されている。海外の中でも殊に近隣のアジア地域から受けた恩恵は計り知れず、この交流なくしては日本の文化は形成されなかった。しかも、二十一世紀は「アジアの世紀」といわれる。そんな時、日本の歴史の中にあって、長い間、海外に向かって開かれたほとんど唯一の窓口であった大宰府の果たした役割が、大きくクローズアップされている。

しかし、対外交渉は平和な時ばかりではない。いな、平和を謳歌する現在の日本にあっても、不審船事件やボート・ピープル、密輸事件など、殊に九州近辺での勃発が多いのである。

天皇《すめろぎ》の遠の朝廷と　しらぬひ筑紫の国は　賊《あだ》守る鎮《おさ》への城《き》ぞと　聞《きこ》し召《め》す……

『万葉集』巻二十の大伴家持がつくった長歌には、遠の朝廷は「賊守る鎮への城」だと詠まれている。日本の西辺にあって外敵から日本の国土を守ることこそ、大宰府に課せられた日常的に最も重要な任務だったのではなかろうか。それは、大宰府の唐風呼称が「都督府」であることや、大宰府の長官が「帥」であることからも推測される。近時でも、「元帥《げんすい》」という語にはお馴染みの方も多いだろうが、帥は軍隊の最高責任者を意味する。しかし、「養老職員令《じきいんりよう》」に規定されている帥の職掌は、「蕃客《ばんきやく》・帰化《きか》・饗讌《きようえん》」という外交的職掌を除いては、一般の国司と同じ地方行政官のものである。それ故、帥の帥たる役目は「外交だ」といわれ、中でも「饗讌」、つまり外交パーティーをすることは、他の官職にはない大宰帥だけの仕事として注目されている。しかし、そう度々遣唐使や遣新羅使が派遣されたり、外国の使節がやって来たわけではない。日常的な危機管理こそ重要で、諸国の国司にも課せられていた任務とはいえ、帥の軍事・交通面に関する職掌は十項目にもわたって事細かに規定されているのである。

壬申《じんしん》の乱の時、近江方の出兵要請に対して筑紫大宰・栗隈王《くりくまおう》は「筑紫の国は外からの賊に対して防御を固め、海に臨んで守っているのが任務であって、国内の賊を相手にするものではない」と言って断っていることは、よく引き合いに出されるエピソードである。

大宰府の役人たち

大宰府の成立については、発掘の成果や史料の解釈をめぐって今後もいろいろと論じられていくことだろうが、大宰府官人にはどういう人がいて、どんな仕事をしていたのかは、「大宝令」をほぼ継承した「養老令」によって知ることができる。役人のことについて規定した「養老職員令」には、大宰府については35ページの表のように五十人の官人が規定されている。その規模は中央の太政官の八省に匹敵するが、長官である帥の位は従三位相当で、正四位上相当の中務卿、正四位下相当の式部省・治部省・民部省・兵部省・刑部省・大蔵省・宮内省など中央省庁の長官より上位に位置している。三位以上は公卿、三位と四位の間には身分的に隔絶した差があった。大宰帥には大納言・中納言クラスの人が任命され、兼任の場合も多かった。また主神《かんづかさ》が置かれている。位は正七位と高くはないが、これは中央の神祇官《じんぎかん》にあたる。

菅原道真公は右大臣から大宰権帥《だざいのごんのそち》として左遷された。権帥の「権」は「仮の」という意味。平安時代には、わずかな例外を除いて帥は親王が任じられることになり、大宰府には赴任せずその給料だけを手にする「遙任《ようにん》」の官となった。そして帥に任じられた親王は「帥宮《そちのみや》」といわれ、都で優雅な暮らしを続けた。

そういうわけで、実際現地に赴任する長官は「大弐《だいに》」ということになったが、赴任する長官の位が帥の官位相当である従三位より高ければ「権帥」として赴任した。菅原道真公が権帥として大宰府にいた時、大弐として小野葛絃《おののくずお》（好古《よしふる》・道風《とうふう》の父）が大宰府の政務をあずかっていた。したがって道真公は、「不出門」の詩にもあるように、登庁することもなく、ひたすら謹慎の生活を送ったのである。史料によっては道真公の官を「員《いん》外帥《がいのそち》」としているものもあるが、左遷の詔《みことのり》に「大宰権帥」とあるので、やはり史実としては権帥。ただし、史料上、権帥・員外帥がしばしば混同されることがあり、道真公の場合、内実は罪人扱いの員外帥に等しかったと言えよう。

菅原道真公のイメージが強く、「権帥」といえば左遷の官という認識が一般的だが、本来はそうではない。「員外帥」は実際仕事のない帥であったが、権帥の中には政務を執り活躍した人物もいる。

たとえば大江匡房《おおえのまさふさ》は、承徳元（一〇九七）年－康和四（一一〇二）年と嘉承元（一一〇六）年－天永二（一一一一）年の二度、大宰権帥に任命され、「江帥《ごうそち》」とか「江都督《ごうととく》」と呼ばれている。二度目の時は赴任しなかったが、最初の赴任の間の康和三年に今に伝わる太宰府天満宮の神幸式を始めたり、宇佐八幡や観世音寺の造営にあたったりするなどの功績を残した。『古今著聞集《ここんちょもんじゆう》』に、「匡房中納言は任あけて帰る時、道理によって得た財宝を船一艘、非道に得た財宝を別の船一艘に積んで上京したが、途中、道理の船は沈み、非道の船のみ無事都に着いた。世も末じゃ」という話が載せられている。

江戸時代の鎖国政策下にあって長崎が日本で唯一外に向かって開かれた港であったことはよく知られているが、奈良・平安時代においても日本は基本的には鎖国状態で、渤海《ぼっかい》国に向けて開かれた敦賀を除いては、ほかの国の船はすべて博多津に入らなければならなかった。貿易面では政府の先買権があり、その窓口となって活躍、あるいは暗躍したのが大宰府の官人たちであった。

傾いた軒、庭に生い茂る雑草。そんな荒れた配所で、醍醐《だいご》天皇から賜った恩賜《おんし》の御衣《ぎょい》を前に嘆く菅原道真公の様子が目に焼き付いて、「ダザイフ」といえば都から遠く隔たった鄙《ひな》の地、淋しくも哀しい左遷の地というイメージが長らく支配していたが、今はむしろ、中国商人と手を組んで積極的に貿易の利潤を追求した大宰府官人の話のほうが好んで語られる。「活力に満ちたアジアの拠点都市」の基礎をつくったのは大宰府官人だと言えるのかもしれない。

西の丘蔵司・東の丘月山の漏刻

大宰府官人たちは日常、どこで政務を執っていたのだろうか。

古くから政庁跡の西の丘「蔵司《くらのつかさ》」は、その遺名から今でいえば税務署があった場所だとされてきた。蔵司は西海道諸国（九州）から納められた租・庸・調といった税の出納事務をするとともに、納められた物品を保管する蔵を管理する役所であった。租はそれぞれの国に稲を納める税、庸は労働奉仕、調は地方の特産物を納めるものだった。庸は労力の必要がなくなると米・布などに切り替えられていった。庸・調は九州以外の地域の人は、負担する者が直接都まで運ばなければならないという税だった。しかし西海道諸国は大宰府まで運べばよく、大宰府では、蔵司で出納事務をして、決められた分をまとめて都に送った。蔵司の丘には税米（租）・庸米を扱う「税司」もあったようだ。大宰府官人の給料、大宰府政庁や観世音寺などの造営、道路の建設など、大宰府自体が必要とする経費も莫大なものだった。

発掘五十年を迎えた平成三十（二〇一八）年、藏司で集中的に行われた発掘の成果が披露された。丘の上には梁行《はりゆき》四間×桁行《けたゆき》九間の大きな東西棟礎石建物があり、鏡山猛氏は大宰府の正倉に比定されていたが、近年は饗宴施設とする意見も出されている。この建物の下層からは掘立柱建物二棟、その南側で掘立柱建物一棟、および下段で三間×五間の五棟の礎石総柱建物が確認された。また丘の裾部では、鞴《ふいご》の羽口や鋳型、坩堝《るつぼ》などの鍛冶《かじ》・鋳造関連遺物が多量に出土し、大宰府政庁Ⅱ期の造営に関わる七世紀後半の工房跡と推定された。

東の丘「月山《つきやま》」は辰山《ときやま》・時山《ときやま》・辰巳山《たつみやま》・巽山《たつみやま》ともいわれ、漏刻台《ろうこくだい》の跡と伝えられている。漏刻は水時計の

『都督府建按詳図』により九州国立博物館を誘致する会が復元した水時計を使ったイベント（九州国立博物館を愛する会提供）

こと。地元の水城小学校では、明治以来、六月十日の「時の記念日」の朝六時十分きっかりに、この丘の麓に集合することを競い、天智天皇が初めて水時計を作ったこと、時の大切さ、さらには大宰府の歴史について、先生の話を聞くという行事が行われていた。何事も暦や時間で動かされる私たち。こうした私たちの当たり前だと思っている生活も、律令体制の確立期に始まったのである。

　宝亀五（七七四）年の陸奥国の申請から、この時すでに大宰府に漏刻があったことが知られ、『延喜式』には陸奥・大宰府ともに「守辰丁《しゅしんちょう》」、つまり時を計る仕事をする者が六人と規定されている。また「仁安三（一一六八）年漏刻博士安倍経明《あべのつねあき》が『扶桑続翰苑《ふそうぞくかんえん》』から撰書し、正徳二（一七一二）年大鳥居信仙が筆写した」との奥書のある『都督府建按詳図《ととくふけんあんしょうず》』には、菅原道真公の巽山漏刻楼に関する詩と、巽山の上に漏刻房・鐘鼓楼《しょうころう》が、巽山西麓に井亭があることが記され、それらの図面が載せられている。

　飛鳥で復元された水時計は箱の組み合わせだが、大宰府のものは壺を使用している。一番上の天原壺から夜天地、日天地、平壺（大海）へと細い管を通って水が流れ落ち、最下の萬水壺に入る。萬水壺には刻（一刻は今の三十分）のメモリがついた矢が入れられていて、水の流入とともに矢が浮き上がる。水は何段階かの壺とそれをつなぐ細い管を通るうちに、一定の速度で流れ落ちるように調節され、従って矢も一定の速度で浮き上がってくるという仕組みなのだ。

　月山の丘は未だ発掘調査が行われていないので、伝承の可否は軽々に言えないが、この図を信用するとすれば、奈良県明日香村の飛鳥水落《みずおち》遺跡の漏刻のように、サイフォン式に最初の槽に水を汲み上げるのではなく、政庁側麓の井戸から守辰丁が水を汲み、丘の上まで運んだということになろうか。あるいは漏刻は丘の麓の井戸の近くにあり、鐘鼓楼のみ丘の上とも考えられる。丘の上に鐘鼓楼があったのは、人々に時刻を報せるためである。今の二時間にあたる「時」は太鼓で、その四分の一の「刻」は鐘で知らせた。今のように誰もが時計を持っている時代ではない。大宰府中の人がどこにいても聞こえるためには、やはり小高い所に立地が求められただろう。

そのほか、八世紀から十一世紀にかけての史料から次頁の表のように十九の役所の名称を知ることができる。

表　官衙の名称と主な仕事

学校院	官吏の養成
兵馬所	公私の馬牛の管理
蕃客所	外国客の饗応（その付属施設が鴻臚館）
主厨司	主に外国客を饗応するための調理、朝廷に対する貢上物（贄《にえ》）の納入
主船司	船舶の修理
匠司	建造物・武器・船の新造
修理器杖所	武具の修理
防人司	辺境の防衛
警固所	外敵の侵入に対する警護
大野城司	大野城の防衛
蔵司	綿・絹など調庸物の収納・管理
税司	庸米・税米の収納・管理
大帳司	課役負担義務の有無を記載した帳簿類の保管・管理
公文所	文書の保管・管理、土地の相論・訴訟の裁断
薬司	府管内の患者の診察・治療
貢上染物所	中央に貢上する調物の染色
作紙所	紙の生産
貢物所	関係役所で扱う各種貢物の送付
政所	各役所の取りまとめ、行政の処理

これらはすべてが同時に存在していたというわけではないし、大宰府政庁跡の周辺ばかりに存在したのでもない。蕃客所《ばんきゃくしょ》の付属施設・鴻臚館が福岡市の平和台球場跡付近にあったことは周知のとおりであるし、そこでの食事の調理にあたる主厨司《しゅちゅうし》の関連施設が海の中道にあり、また海辺の警備にあたった警固所、船の修理などにあたった主船司《しゅせんじ》も福岡市内にあったと考えられていて、警固《けご》、周船寺《すせんじ》などという地名がそれを物語っている。ちなみに主厨司そのものは「烏賊《いか》」と記した木簡や移動式竈《かまど》などが出土した、大宰府史跡の大楠官衙跡にあったのではないかとされている。

学校院と匠司

いま一つ、府学校「学校院」も小字「学業」という地名のある、政庁跡の東に隣接する地にあったと古くから伝えられ、太宰府市の最初の中学校の名も学業院中学校と名づけられている。

府学校には、西海道、主に北・中九州の郡司以上の子弟が十五、六歳で入学し、明経《みょうきょう》・医術・算術など官吏となるための勉強をした。算術は税を計算するための実学、明経は『論語』など中国の古典を教科書に政治倫理を学んだ。約二〇〇人の学生《がくしょう》がおり、彼らには十日ごとの旬試《じゅんし》、一年ごとの年終試《ねんしゅうし》が課せられ、今と違って「入るは易く卒業は難い」というシステムだったようだ。

学業院中学校と蔵司の間の来木《らいき》丘陵からは工房の跡が発掘され、匠司《たくみのつかさ》の跡ではないかと考えられている。丘陵の緩やかな斜面で金属器を生産していたらしく、坩堝《るつぼ》・鞴《ふいご》・取鍋《とりべ》などの道具や鏡・銅銭・刀子《とうす》・釘などの製品が出土した。また、わずかな平坦地を利用して建物も造られており、日本最初の貨幣「富本銭《ふほんせん》」が出土して一躍有名になった飛鳥池遺跡と同じような立地にある遺跡として注目された。しかもこの遺跡が七世紀後半に始まることも、大宰府政庁の建設開始時期を考える上で重要である。

貢上染物所

政庁跡の前を通る県道筑紫野―太宰府線の南側、蔵司前面辺りの小字「不丁《ふちょう》」、及びその西の大楠地区、広丸地区の発掘調査で十数年前に発見された数条の溝は、大宰府条坊を復元する上で重要なものとなった。このうち、政庁前面にはりだした府庁域と西に広がる官衙域を画する溝から「紫草」と書いた木簡がまとまって発見され、この付近に貢上染物所《こうじょうそめものしょ》があったのではないかと考えられた。九州各地から集められた紫草の根は原料のまま、あるいは絹や革を染めて都に送られた。ここから出土した木簡は、九州各地から納められた紫草を郡単位に整理・保管する際につけられた付札と考えられている。

律令制下においては、衣服の色は身分の標識であった。紫色を身につけることができるのは三位以上、最も高位な一握りの人たちだけであった。紫はまさに高貴の代名詞。『源氏物語』でも、源氏が理想の女性として育て上げたのは「紫の上」だったし、それ故作者は「紫式部」と呼ばれた。古代人の「紫」に対する思い入れも偲ばれようというもの。

あかねさす紫野行き標野《しめの》行き野守《のもり》は見ずや君が袖振る　額田王《ぬかだのおおきみ》（巻一・二〇）
紫草《むらさき》のにほへる妹《いも》を憎くあらば人妻ゆえにわれ恋ひめやも　大海人皇子《おおあまのおうじ》（巻一・二一）

『万葉集』で有名なこの相聞歌《そうもんか》も、恋しい女を「紫匂う」と表現している。

もう一つ、紫がいかに大切にされていたかを知る史料として『豊後国正税帳』がある。それによると豊後国には官営の紫草園があり、種まき・手入れ・根の収穫のそれぞれの時期に、国司自ら三人の従者を伴い、一郡あたり計五日間、八郡を巡行したことがわかる。その際、大宰府からの使者が同行し、国司の任務の遂行を監督しているのである。

そんな貴重な草であるが、意外にもその花は、白くて小さな目立たない花。そんな花の内に秘められた色彩だからこそ、より一層珍重されたのかもしれない。

御笠軍団と遠賀軍団

学業院中学校の西隣には水城小学校がある。校門を入ると左手に「遠賀《おか》団印出土地」のモニュメントがある。明治三十二（一八九九）年、この小学校の校舎新築のための敷地造成の際に、「遠賀団印」が出土したのである。もう一つの軍団印「御笠団印」の出土地は、ここから国分寺の方へ少し登った左手にある。説明板の横に「御笠団印出土地」という一メートル足らずの石碑がひっそりと立っている。御笠団印は、昭和二（一九二七）年四月八日、桑畑で作業中の武藤喜太郎によって偶然発見された。両印は同規格の銅印で、これによって、筑前国にあった四軍団のうち「御笠」と「遠賀」の二つの軍団名が明らかになった。紆余曲折の末、両印は現在、東京国立博物館の所蔵となっている。

近年、両印の出土地の中間地点、やや西よりの丘陵の発掘調査で、三時期にわかれる八世紀前半を中心とする掘立柱建物群が見つかっており、この周辺に軍団関係施設が展開している可能性が指摘されている。

一方、政庁前面域の不丁地区から常備軍に関わると見られる木簡三点が出土している。ひとつは天平六年四

遠賀団印出土地のモニュメント

月廿一日のもので、上に兵士合五十九人　下に定役五十四として筑前卅一　筑後兵士廿三　とありその右に読めない文字があるものの、二人と兵士三人の文字がある。合計五十九人である。またもう一つの木簡には三団兵士、宗形部刀良《むなかたべのとら》・日下部部赤猪《くさかべべのあかい》などの名が見える。

大宰府の軍といえば、まず防人が頭に浮かぶが、防人は「埼守」であり、海外に対する海辺防備を主な任務としたと考えられており、大宰府を守衛する兵は、各国の軍団兵士が上番して定役についていたとみられている。木簡にある二カ国ばかりでなく肥前・肥後・豊前・豊後の六国から選ばれた兵士によって大宰府の常備軍は構成され、大宰府政庁をはじめとする官衙、特に兵庫や府庫の警備、都市大宰府の治安維持などを任務としていた。

日本最古の戸籍

大宰府政庁の北西約一・二キロ、国分寺と国分尼寺の中間辺り、道の南側に国分松本遺跡十三次調査地点はある。平成二十四（二〇一二）年、発掘調査で旧河川の堆積層から発掘された十点の木簡は全国の人々を驚かせた。その中に七世紀末の「戸籍」「計帳」に直接関わる具体的な資料があったからだ。

わが国の戸籍制度の本格的な始まりは、天智天皇九（六七〇）年の「庚午年籍《こうごのねんじゃく》」といわれている。当時の戸籍は六年ごとに作られ、保存期間三十年間で、順次破棄された。そういうわけで古代の戸籍で現存する物は極めて少ない。現存する最古の戸籍は、正倉院文書の中に奇跡的に遺された大宝二（七〇二）年のもので、筑前・豊前・豊後の西海道三国と御野（美濃）の戸籍である。

発掘された木簡には、表・裏にびっしりと「戸」にかかわる記載とともに人名が書かれ、続柄や身分も記録されている。また「戸」や「戸口」の増加・減少・分割など変動についても記されている。ことに注目されたのは、最初に「嶋評《しまのこおり》」の記載があること。これとは別に「竺《つく》志前國《しのみちのさきのくに》嶋評《しまのこおり》」と書かれた付札木簡も同時に発掘された。「評」は大宝令以前に用いられた「郡」の表記。したがってこの木簡は大宝令発布の七〇一年より以前、六八五－七〇一年の間の戸籍ということである。さらに注目されることは、木簡の表に「川部里《かわべのり》」の里名が見えること。これは奇しくも、これまで日本最古の戸籍として注目されていた「正倉院文書」の大宝二年「筑前国嶋郡川邊里戸籍《しまのこおりかわべのり》」と同じ場所なのである。

これらの木簡が出たことで、付近に筑前国府の前身施設、あるいは筑紫大宰の関連施設があったと考えられれ

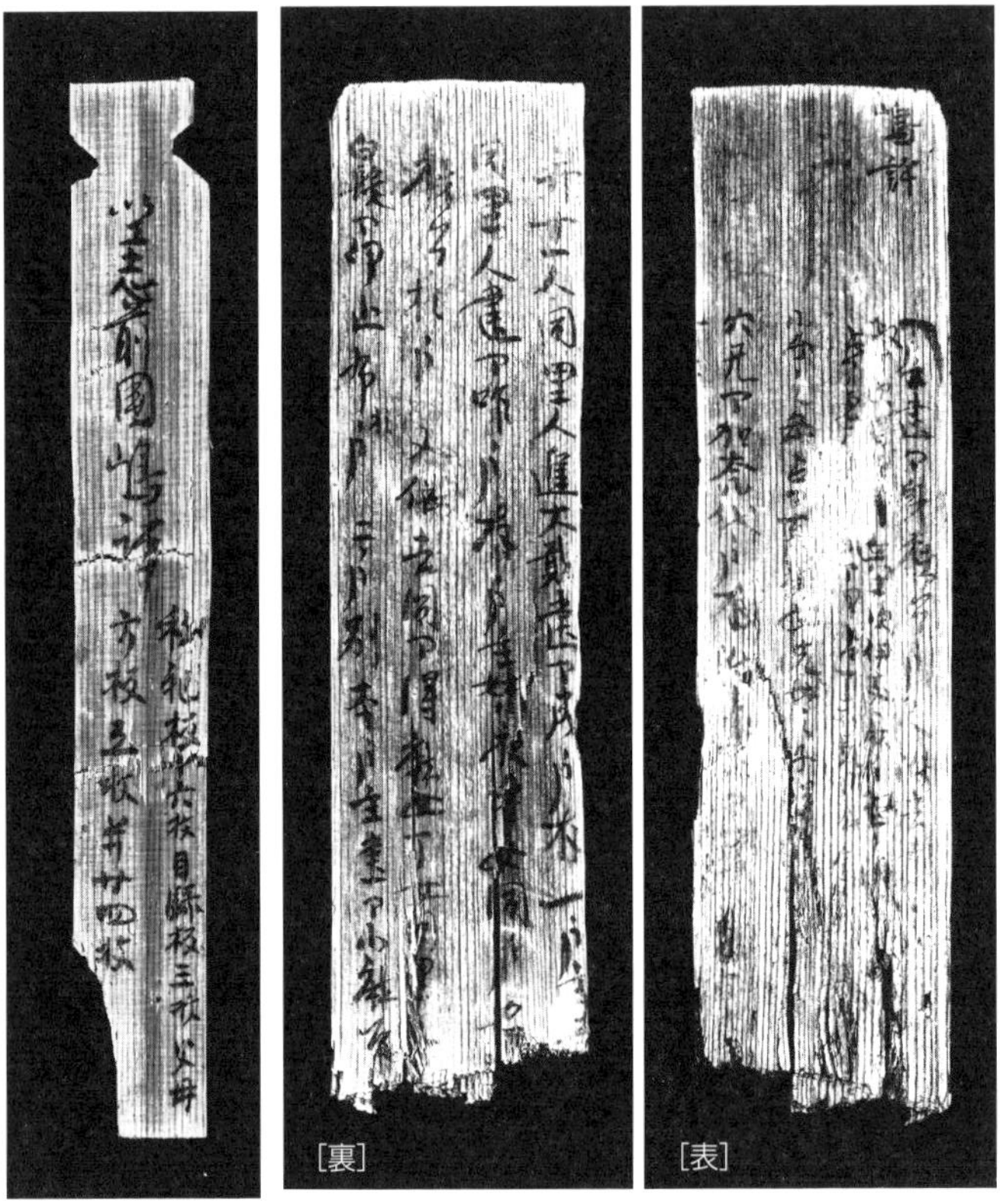

国分松本遺跡から発掘された木簡（太宰府市教育委員会提供）

るようになった。

三本の石碑

かつて大宰府政庁があった跡は、現在では一面、広々とした草の広場となっている。

いにしへの　とほのみかどの　いしづゑを　くさに　かぞふる　うつらうつらに　　会津八一《あいづやいち》

そんな政庁跡の風景の核になっているのが、ちょうど中央辺り、正殿跡に立つ三本の石碑である。

三基のうち一番古いのは、「都督府古趾」と彫られた真ん中の角柱。この碑は、明治四（一八七一）年七月、御笠《みかさ》郡乙金《おとがな》村（現・大野城市乙金）の大庄屋・高原善七郎美徳が自費で建立したものである。この石碑建立は善七郎の「長年の宿志」であった。石碑建立にあたって善七郎が御笠郡司民曹《しみんそう》（旧郡奉行）都甲《とごう》乙に提出した願書には、この貴重な遺跡に対する深い知識と愛情が溢れており、しかもそれは善七郎一人だけの想いではなく、地元の人々がかねがねこの遺跡の湮滅《いんめつ》を危惧していたことが綴られている。

東側の碑は大正三（一九一四）年に建てられた。この碑が建てられたのは三基のうちで最も新しいが、碑文は寛政元（一七八九）年、亀井南冥《なんめい》が撰したものである。南冥は古学派（徂徠《そらい》派）の儒医で、登用されて福岡藩西学問所・甘棠館《かんとうかん》の館長を務めた。ちなみに東学問所・修猷館《しゅうゆうかん》は、朱子学派の藩儒筆頭・竹田定良を初代館長とし、現在も県立修猷館高校としてその伝統が受け継がれている。

天明四（一七八四）年、甘棠館が開校した四日後、志賀島で金印が発見された。南冥は早速この金印が「後漢の光武帝《こうぶてい》から賜った金印である」と考証した。『金印弁』である。これに綴られた南冥の博識には誰もが驚

大宰府政庁正殿跡にある３本の石碑

嘆するが、南冥はこの金印の価値を力説し、その保護にも身を挺した人でもある。現在、「漢委奴国王」印が、国宝中の国宝として燦然と輝き続けることができるのも、南冥のおかげといって過言でない。南冥はまた、いにしえの「西都《さいと》大宰府」への想いもあつく、その荒廃を嘆き、学校院跡に草庵を構えていた弟子の奥村玉蘭《ぎょくらん》とともに、史跡保存に尽くしたという。

そんな南冥に「太宰府碑」の碑文を書くよう藩命が下った。南冥は菅原道真公への敬慕の念と西都への想いを込めて碑文を撰したが、学閥的に対立する人々から、碑文中の「当今封建国邑　名器非古」の文言が体制批判だと藩当局に申言《しんげん》され、藩当局の忌諱《きい》にふれ建碑は中止された。それればかりでなく寛政二年、幕府の「異学の禁」により、朱子学以外の学問が禁止されるなどのこともあり、同四年、南冥は解職謹慎の身となった。しかし、南冥没後も亀井塾は営々と続き、多くのすぐれた門人を輩出した。そして南冥没後一〇〇年の大正三年六月二十一日、門流の尽力により都府楼の正殿跡に「太宰府碑」が建立されたのである。

西側の「太宰府址碑」は明治十三年、御笠郡有志の発起によって建てられた。彼らはこの碑に名を遺さないが、「御笠郡の諸子が、史跡の湮滅することを憂え、これを書き残そうとした。その挙を意気に感じ」、福岡県令・渡辺清が資金援助ばかりでなく碑文をも撰したことが石碑に見える。篆額《てんがく》は、明治新政府の最高官職である総裁、幕府軍鎮圧の征東軍大総督などを歴任し初代福岡県令にもなった有栖川宮熾仁親王《ありすがわのみやたるひと》に請い、碑文は、明治以降の書家第一人者と評される日下部鳴鶴《くさかべめいかく》が揮毫《きごう》した。鳴鶴の代表作は七十歳の時の「大久保公神道碑」といわれるが、太宰府碑は四十歳頃の書で、前半生の集大成的な作品として、書道家の人々の注目を集めている。

正殿跡の石碑は、まさに官民をあげての建立であり、この史跡を後世に遺そうとした人々の心の結集されたモニュメントであり、これら自体、貴重な文化財といえるのである。

危機に瀕した大宰府史跡

昭和三十年代後半から四十年代は、高度経済成長政策に伴う道路建設、宅地開発などが盛んに行われた開発の時代であった。そしてその開発の波は、福岡市から二〇キロ足らずの太宰府にも押し寄せた。

菜殻火《ながらび》や観世音寺は焼けざるか　川端茅舎《ぼうしゃ》

六十年前までの太宰府は、こんな句がぴったりの所だった。政庁跡や観世音寺の周りには一面の田圃が広がり、春には菜の花が黄色の絨毯を広げた。晩春の夕暮れ時には菜の花の種を取った後の殻《から》を焼く菜殻火が茜空を焦がし、バチバチッとはじける音が幼子《おさなご》の肝をつぶした。やがて早苗田《さなえだ》に風がわたり、初秋の頃には色づき始めた稲穂の中を進む太宰府天満宮の神幸式《じんこうしき》の行列が、榎寺《えのきでら》の森まで続くのを見はるかすこともできた。

しかしいつの間にか、一枚、一枚、田圃が消え、周りの山は削られて新しい家が建っていった。その触手は観世音寺の裏手の大野山（四王寺山《しおうじやま》）山麓にも及び、その一部にすでに団地の造成が始まっていた。この宅地開発は四王寺山麓に帯状に計画されているという。大宰府の遺跡は破壊の危機に瀕したのである。当時、このような状況は全国各地で見られ、大きな社会問題となっていた。たとえば平城宮跡では近鉄の車庫建設、国道24号線バイパス建設計画などの問題が起こり、その保存問題は国会でも取り上げられる事態となった。

太宰府では、大正十（一九二一）年に政庁跡を中心とする一二ヘクタールが史跡に指定されていたが、これでは到底押し寄せる開発の波に抗して史跡の景観を守ることはできない。当時の文化財保護委員会は、それまでの点的な指定から面的に広範囲に指定する方針に変じ、昭和四十一（一九六六）年、追加指定の方針を提示した。それは政庁跡を中心に、学校院跡、観世音寺及び子院跡を含む一二二ヘクタールを指定するというものであった。こうすることによって、すでに特別史跡に指定されている背後の大野城跡と政庁跡の史跡指定地がつながり、大野山山麓に計画された宅地開発は一切できないことになり、太宰府の歴史的風土が保存されるというわけだ。

むろん遺跡周辺に住む人々にとっても、政庁跡や水城は「木を伐るな。家を建てるな」と代々諭し伝えられた大切な場所であった。しかし、いきなりの内示に住民の不安は一気にかき立てられ、激しい反対運動へとエスカレートしていった。政庁跡には「反対」の立て札やむしろ旗が立てられ、幾度となく会合がもたれた。その背景には、史跡に指定されれば、土地の売却に不利益になることや、道路や家の増改築いわゆる現状変更ができにくくなることなどへの不満や不安があった。

しかし根気強い話し合いの結果、徐々に歩み寄りが見られ、昭和四十五年九月、史跡の拡大指定が正式に告示されたのである。当時、文化庁の主任文化財調査官として幾度となく太宰府に足を運び、大変な苦労をされた平野邦雄氏は、後に「大宰府の指定と保存」について「文化庁・福岡県・太宰府町、そして町民の四者のうち、どの歯車が欠落しても、大宰府の指定と保存は実現することはできなかったであろう。しかもそれは金銭の支払いで定められたことではない。文化にたいする強靭な連帯感とでもいうべきものが根底にあったと思う」と述懐しておられる。

住民の反対運動の根底には、過去に指定された土地が放置されたまま荒れ地になっているという事実もあった。そこで、指定した所は買い上げ、調査によって歴史的な姿を知り、その真の価値を明らかにし、整備し活用しなければならないということで、発掘調査が行われることとなった。

昭和四十三年十月十九日、政庁中門跡で鍬入れ式が行われ、十二月にいよいよ発掘調査が始まった。発掘を指導したのは、奈良国立文化財研究所から赴任した藤井功氏。藤井氏の、ある時は酒を酌み交わし、ある時は冗談を言い、ある時は真剣に、そして熱っぽく語る根気強い説得、人柄に、史跡地に住む人々の心も和らぎ、発掘作業は地元の人々の協力を得て行うという道筋がつけられ、さらに整備し公園化された史跡の除草や剪定など維持管理にも、地元の人々が関わっていくこととなった。

再建されていた政庁

発掘はまず中門跡・南門跡で行われた。これは、史跡全体の調査にあたって、まず中軸線を確定する必要があったためで、その結果、南門跡・中門跡と正殿跡の遺構を通した軸線は、わずかに二十分ほど東に振れただけで、ほぼ真南北方向であることが判明した。さらにこの第一次の発掘で思わぬ成果が得られた。

現在地表に見えている大きな礎石は長年、「天智天皇建て給うた太宰府の跡」と語り継がれてきた礎石だった。もっとも室町時代の文明十二（一四八〇）年、ここを訪れた連歌師・飯尾宗祇《そうぎ》は、「天智天皇の皇居木の丸どのの跡に馬をとどむ。境内皆秋の野らにて、大き成る礎の数を知らず」とその紀行文『筑紫《つくし》道記《みちのき》』に記しているし、江戸後期の天明三（一七八三）年に太宰府を旅した備中岡田藩の医師で地理学者の古川古松軒《こしょうけん》も、その旅行記『西遊雑記』に政庁跡のことを「天智天皇の実跡木の丸殿」と記し、たくさんの礎石や古瓦の様を述べている。

宗祇には兵部《ひょうぶ》の君という僧が、古松軒には木原某という太宰府地元の人が案内についており、地元太宰府では長い間ここが「天智天皇の皇居木の丸殿の跡」と言い伝えられていたことがわかる。大宰府がなくなって三〇〇年、すでに大きな礎石が残るばかりの野原となっていたこの地が、九州を束ねた大宰府の跡だったという歴史は消え去っていたのである。

それが、「太宰府の旧跡」とされるに至ったのは、貝原益軒《かいばらえきけん》の『筑前国続風土記』以来の地誌の編纂や史跡研究の成果によるものである。ちなみに益軒は、百済救援のため筑紫へ下った斉明天皇の朝倉橘広庭宮《あさくらのたちばなのひろにわのみや》を上座《じょうざ》郡（朝倉郡）須川村にあるとして、「けづらざる黒木にて、屋作りさせ給ひし故に、木の丸殿とも云」と記し、木の丸殿は斉明天皇の宮で朝倉郡にあったとしているのである。

益軒の研究は、その後の福岡藩における史跡保存の出発点となった。福岡藩では礎石の数を調査したり、正殿跡の基壇を整備したり、都府楼址の礎石を抜き取ることを禁止したり、代々の藩主が史跡保存政策に努め、「文政三年観世音寺村之内旧跡礎現改之図」や益軒以後の地誌の編纂、青柳種信《たねのぶ》の『太宰府志』、伊藤常足《つねたり》の『太宰府徴』・『太宰管内志《かんないし》』、上野勝従《ますゆき》の『太宰府考』など、その成果が今に伝わっている。

益軒は「太宰府旧址」の項の次に「都府楼址」の項を立て、「都督府の楼なれば都府楼といへる也、天智天皇の御時、始めて立てさせらるといふ」と『筑前国続風土記』に記し、正殿跡の礎石や古瓦について詳しく述べている。

しかし、発掘調査が開始されるまでは、大宰府政庁が何度か建て替えられたなど、益軒はもちろんのこと誰も想像だにしていなかった。ところが、掘り始めて間もなく、現在地表に見えている礎石の約六〇センチ下に、さらに大きな礎石の層が現れたのである。そして一番目と二番目の層の間には焼け土の層が広がっていた。驚きはさらに続く。下層の礎石の下には掘立柱の層が三期にわたって存在することが判明したのである。それぞれの層の年代は、一緒に出土した土器や瓦によって決めていくのだが、一番下の掘立柱の層（Ⅰ期）は七世紀後半、真ん中の層（Ⅱ期）は鎮壇具《ちんだんぐ》として使用された須恵器の年代から八世紀初頭、そしてその上に焼け土の層があり、一番上の層（Ⅲ期）は基壇下の瓦溜りから出た「安楽之寺」と書かれた瓦が決め手となった。安楽寺は現在の太宰府天満宮のこと。

　安楽寺は延喜三（九〇三）年に菅原道真公が亡くなった後、延喜五年を遡らない延喜年中に創建されたと考えられている。政庁の基壇から出土した瓦は「安楽之寺」という文字を線で消して再利用したもので、当然、安楽寺草

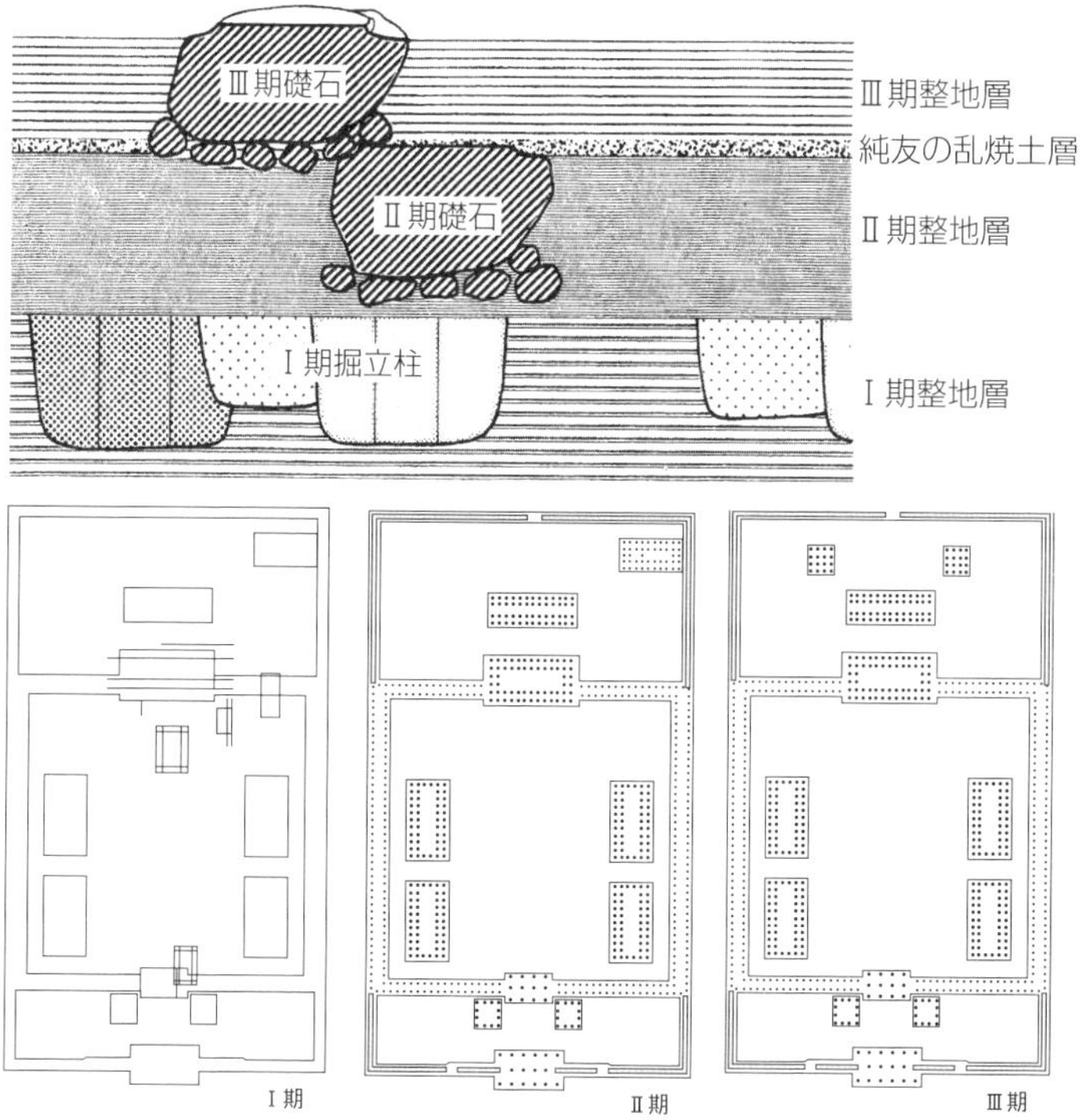

大宰府政庁建物期別変遷図
（上：『記念図録　大宰府史跡発掘50年』下：大宰府史跡ガイドブック３『特別史跡大宰府跡』いずれも九州歴史資料館より）

発掘調査中の大宰府政庁正殿跡（九州歴史資料館提供）

創以後のものである。間に横たわる焼け土の層はと考えてみると、天慶年間（九三八－九四七年）、東国の平将門《たいらのまさかど》と呼応するかのように西国で蜂起した藤原純友《ふじわらのすみとも》の乱が思い起こされる。瀬戸内海を中心に暴れ回った純友軍は、天慶四（九四一）年五月、大宰府に現れ、大宰府累代の財物を奪い取り、大宰府を焼き払った。その焼け跡をきれいに均《なら》し、真砂《まさご》を敷き詰めた上に新しく大宰府が再建されたのである。

最初に南門・中門が調査されて以来、回廊西南角・東北角、築地塀《ついじべい》東北角、西脇殿《わきでん》、東脇殿、内庭、後面築地、後殿などポイント地点が次々に発掘調査されたが、一番大事な正殿は発掘技術や周辺の調査研究の進展を見ながら調査時期を決めようということになった。

そして、発掘三十年を迎えた平成九（一九九七）年十二月、その鍬入れ式が行われたのである。ひときわ立派な礎石の下から現れる純友の乱の焼け土の層、正殿跡前に整然と現れた掘建柱の穴、都の大極殿《だいごくでん》前にあった龍尾壇《りゅうびだん》を思わせる石敷きの層。それらは、大宰府がこの地に営まれた約四〇〇年間を目の当たりにさせるものだった。

地表に礎石や石碑などがあるため充分な調査ができなかったものの、Ⅱ・Ⅲ期の正殿の真下から、ほぼ重なる形で掘立柱の建物が検出された。またその北には、東西に延びる柵列《さくれつ》と思われる柱穴も見つかった。

大宰府のほかの地区では掘立柱建物の建て替えに際しては、従前の柱は切り取るだけで、抜き取るという面倒な作業はされていないのだが、正殿の位置だけは、将来地中に遺した柱の木材が腐れて空洞ができては次に建つべき正殿のために不都合ということからか、このような丁寧な工法がとられていたのである。

「大宝律令」の制定により、国家の威信をかけて建てられたⅡ期政庁の建物は、Ⅰ期とは違い、礎石建ち瓦葺き、朝堂院様式の堂々たるものだった。そしてその建て替えは、発掘三十周年を期にまとめられた報告書『大宰府政庁跡』に歴史学者・八木充《やぎあつる》氏がこれまでの発掘や文献による様々な人の研究成果を検討された上で、和銅元（七〇八）年に着手し、霊亀年間（七一五－七一七年）に竣工されたと結論されている。

都府楼の甍たち

発掘が始まるまでの大宰府政庁跡は一面すすきの原で、そのほうがロマンがあった。万葉の昔に想いを馳せるにふさわしい情感があったと言う人もいるが、そういう昔を知る人も今はほとんどいない。発掘開始から五十年。政庁跡は発掘調査の成果に基づいて平面復元され、歴史公園となっている。

正殿の東西から回廊が回り、中門に取りついている。回廊に囲まれた中には東西に二棟ずつ脇殿があり、内庭には一面に大きめの玉石が敷かれていたらしい。その玉石の石敷きは正殿の前（南）では一段高くなっており、龍尾壇を思わせた。中門の南、東西には衛門舎《えもんしゃ》があり、その南に堂々たる南門があった。南門から左右に延びる柘植《つげ》の木の植え込みは築地塀《ついじべい》を現し、築地塀は正殿の北側にも巡っている。この築地塀に囲まれた部分に、後殿、その北にⅢ期では東西の楼閣。Ⅱ期では楼閣はなく、東北角に政務を執ったと思われる建物があり、貴重な木簡が出土している。回廊の東端から西端までが一一二メートル、南北の築地間の距離は二一一メートル。広大な一区画をなしている。

実際政務を執ったのは、この場所の周辺や現在の福岡市内にも点在する官衙であり、この場所は外交儀礼や

都府楼の瓦

上：重要文化財 鬼瓦
（落合晴彦氏撮影。九州国立博物館蔵）

左：上から
鴻臚館式瓦、老司式瓦
（九州歴史資料館蔵）

元旦の朝賀など儀式が行われた空間と考えられている。

先に政庁第Ⅱ期の建設時期は和銅―霊亀年間と述べたが、今、政庁跡の地表に見えている礎石は、純友の乱の焼け土の層の上にあるⅢ期の建物のものである。昔の大切な建物は版築《はんちく》工法で造られた基壇の上に建っていた。正殿の基壇は東西三四・七メートル、南北一九・七メートル、高さ約六〇センチ。基壇側面は凝灰《ぎょうかい》岩《がん》の切石によって化粧されていた。南北ともに三カ所に階段が取り付けられていて、これはこの地方の特徴だといわれる。現在、地表には基壇を覆っていた切石も階段もなく、基壇は土が流れ、前列の礎石は南側にずれ落ちてしまっているが、それがかえって遺跡の情緒を醸し出している。

ここには現在、三十六個の花崗岩の礎石が残っている。身舎は東西五間×南北二間、廂を入れると七×四間、裳層《もこし》がついた外観二階建て、高さ約一〇メートルの建物が建っていたと復元される。Ⅱ期の礎石をⅢ期にも再利用しているものもあり、この礎石の上に身舎で直径七二センチ、廂《ひさし》部分で直径約六〇センチの朱の柱が建っていた。礎石の北・東・西側のものには壁や扉が取り付く切り込みがあるが、前列（南）のものは美しい三段造り出しの丸いままの石で、都の大極殿のような吹き抜けの建物が建っていたことを物語っている。

付近の田圃から掘り出された鬼瓦（重要文化財）は顔の右下四分の一ほどが欠けているが、そのすぐれた造形は、真に悪鬼から護ってくれるという迫力に満ちみちている。平城京や平安京のものなど足元にも及ばない。新羅文化の影響を受けているというこの鬼瓦は、正殿の建物に葺《ふ》かれていたと考えられる。またⅡ期政庁に葺かれた瓦には、鴻臚館跡から発見されたために名づけられた「鴻臚館式瓦」と福岡市南区老司《ろうじ》の窯で作られたことから名づけられた「老司式瓦」があり、この二種類の瓦が「都府楼創建瓦」といわれている。

幕末の勤皇の尼僧として知られる野村望東尼《ぼうとうに》は、京都の歌匠・千種有文《ちぐさありふみ》に自らの歌集の序文を頼んだ折りに、「都府楼の古瓦」を手土産として持っていった、というエピソードが伝えられている。都府楼の古瓦は、当時、貴重品として扱われるほどに美しく、また、都府楼の名も菅原道真公の詩とともに京にまで及んでいたのであろう。

九州の総督府・大宰府

先に政庁第Ⅱ期の建設時期は和銅−霊亀年間と述べたが、この時期の帥は、粟田真人《あわたのまひと》（和銅元年三月−和銅四年?)と多治比池守《たじひのいけもり》(霊亀元年五月―養老二年?)である。

粟田真人は持統天皇の時に筑紫大宰(大弐)を務め、その後、「大宝律令」の制定に関わり、大宝元(七〇一)年には四十年ぶりに派遣された遣唐使の執節使《しっせっし》(大使より上位)となり、唐に渡って慶雲元(七〇四)年に帰国した。この遣唐使には山上憶良も参加していたが、白村江の戦い後の初の本格的使節派遣で、国交回復の意味を持った遣唐使であり、かつ日本が首都や律令制を整備し、日本という国号や天皇号を定め、国家としての体裁を整えたことを宣言するという重要な任務を負っていた。真人は「好く経史を読み、属文を解し、容止温雅なり」と、その威風堂々とした使節ぶりは唐で高い評価を受けたというが、唐の都・長安の様子、長安で体験した外交儀礼は真人自身にも強い印象を与えた。

和銅元(七〇八)年二月、平城京遷都の詔が発せられるが、平城宮の造営には唐から持ち帰られた最新の情報が大きな影響を与えたと考えられている。それは平城宮に政務を執る朝堂とは別に、儀式や饗宴を行うための朝堂(第一次朝堂院)が設けられたことによる。これらのプランは粟田真人が中心となって設計されたと思われるが、遷都の詔発布の翌月、粟田真人は中納言から大宰帥に任じられた。

真人が大宰帥に任じられた後、次の大宰帥となる多治比池守《たじひのいけもり》は「造平城京司長官」に任じられ、和銅三年の遷都の後も右京大夫としてしばらく平城京の整備に関わり、霊亀元(七一五)年、朝堂院式建物として建設中の大宰府政庁の工事を進めるべく、大宰帥として赴任した。池守は霊亀三年、地方官としての善政を賞されているが、おそらく立派に大宰府建設を成し遂げたことへの褒賞であろう。ちなみに粟田真人の直前の帥は大伴安麻呂。旅人の父である。

このように、見識も経験も豊かな粟田真人・多治比池守の二人の帥は、第Ⅱ期大宰府造営のための専任帥として派遣されたと考えられる。そして、彼らが指揮して造営された大宰府の中心部分のプランは、平城宮の第一次朝堂と酷似しているのである。律令体制が整えられ、日本が国家としての体裁を整えていく中、当初、軍政府的な色彩が強かった大宰府も、その外交儀礼の府、九州の総督の府としての性格を濃厚にしていった。

大宰府の客館

これと軌を一にするかのような遺跡が、大宰府政庁から南へ約一キロ、西鉄二日市駅近くの操車場跡地で発見された。

発掘調査中の客館跡（太宰府市教育委員会提供）

ここでは西鉄の開発計画により、平成十七（二〇〇五）年度より発掘調査が行われてきたが、発掘地からは「大宰府条坊」の区画が検出されると共に、大型建物群、高級食器類、労役の帳簿の「木簡」、大宰帥しか身につけることのできなかった「白玉帯《はくぎょくたい》」の白玉など注目される遺物が数多く出土した。大型建物は一〇〇×三〇尺（二九・五×八・八メートル）、八〇×三〇尺（二三・八×八・八メートル）の広い床面積を持ち、大人数を収容することが可能な格式高い建物。食器は佐波理《さはり》、漆器、奈良三彩など正倉院宝物に見られるような高級食器が複数まとまって出土した。佐波理は銅に錫《すず》・鉛を加えた合金であるが、椀・皿・匙など数種類あり、食膳セットがそろっていた。佐波理は新羅で多く用いられた素材で、磨くと金色に光る。これに食事を盛った食卓はどんなにか豪華なものだったろう。どんな客がそのもてなしを受けただろうかと想像を巡らせる。

平成十七年以前、八年、十六年に行われた道路工事に伴う発掘の成果と合わせると、この地は政庁から南に延びる古代のメインストリート朱雀大路の東側左郭一坊・二坊、十四・十五条の四区画を占める地で、平安京では鴻臚館のあった場所。また平城京客館の推定位置とも類似し、大型建物は多賀城跡（宮城県）の大型建物の立地に類似している。

先に博多湾岸の鴻臚館について述べた。ここに外国使節や遣唐使・遣新羅使が逗留したことは間違いないが、外交・饗讌《きようえん》の舞台はやはり大宰府内にあり、その場所がここだと考えられるようになった。ここはつまり大宰府の「客館」であり、奈良時代から平安時代初期にかけて、新羅《しらぎ》使・唐客の宿泊、あるいは外交儀礼が行われた場所なのである。

饗讌は朝廷と大宰府だけが持つ機能。外交の窓口である大宰府にやってきた外国使節が、すべて都に上ることができるわけではない。その場合は、大宰帥や朝廷から派遣された使者が、外国使節を迎える儀礼・饗讌を行った。そうした重要な場所が新発見の大宰府客館跡であり、平成二十六年十月、特別史跡大宰府跡に追加指定された。

承和六（八三九）年、平安京の東鴻臚館は新羅使が来朝しなくなったという理由で廃止された。大宰府の客館の場所も、九世紀中期–後半には畑の畝溝《あぜみぞ》とみられる溝が広がっていった。一方「筑紫館《つくしのたち》」は「鴻臚館」と呼ばれるようになり交易の場へと変貌し、盛んな対外貿易の場として十二世紀まで存続した。

平成二十七年四月二十四日、太宰府市の地域の歴史を語るストーリー「古代日本の『西の都』～東アジアとの交流拠点〜」が初年度の十八件の一つとして「日本遺産」に認定された。日本遺産は、文化財を活用した地域活性化をはかるため文化庁が行っている取り組みで、地域に点在する有形・無形の文化財をパッケージ化した、我が国の文化・伝統を語るストーリーを「日本遺産」と国が認定するもの。ということで二〇二〇年の東京オリンピック・パラリンピックまでに一〇〇件程度認定する予定という。

全国の日本遺産に認定されたところは、それを基軸にまちづくりを進めている。整備が始まったばかりの客館跡であるが、太宰府市の日本遺産のストーリーが「東アジアとの交流拠点」とされていることからしても、最も象徴的な場所として活用されることを願いたい。

新しい元号「令和」の典拠となった万葉集梅花の宴が、この東アジアとの交流拠点「大宰府」でこそ開催することができ、それを象徴する宴であったことも、まことに感慨深いのである。

参考文献

▼梅花の宴　▼万葉歌碑めぐり

赤司善彦「官人の風景」（『大宰府復元 ― 太宰府史跡発掘調査30周年記念特別展』九州歴史資料館、一九九八年）

入江泰吉・山崎しげ子『万葉四季の花』佼成出版社、一九八七年

上野誠「『令和』の出典をめぐって」（『中央公論』二〇一九年六月号、中央公論新社）

大久保廣行「梅花の宴歌群考」（『都留文科大学研究紀要』第9号、一九七三年）

島谷弘幸監修『もっと知りたい書聖王羲之の世界』東京美術、二〇一二年

竹岡勝也・長沼賢海・橋詰武生『太宰府小史』太宰府天満宮、一九五二年

田村泰秀編『萬葉千八百碑』萬葉の碑を訪ねる会、二〇〇五年

太宰府市教育委員会編『大宰府条坊跡44』太宰府市教育委員会、二〇一四年

太宰府市史編集委員会編『太宰府市史　文芸資料編』太宰府市、二〇〇二年

筑紫豊『私と歩こう博多と太宰府』文献出版、一九七七年

筑紫豊『筑紫万葉抄』文献出版、一九八一年

中西進『万葉と海波』角川書店、一九九〇年

中西進「『令和』と万葉集」（『潮』二〇一九年六月号、潮出版社）

前田淑『大宰府万葉の世界』二〇〇七年、弦書房

松尾セイ子「太宰府万葉歌碑めぐり」（パンフレット）、太宰府市、二〇一八年

森弘子「再現梅花の宴」（『史窓』第48号、京都女子大学史学会、一九九一年）

森弘子「万葉びとの食卓」（『西日本新聞』連載18回、一九九四年）

「梅花の宴 ― 遠の朝廷の食と衣」（『都府楼』第11号、古都大宰府を守る会、一九九一年）

「筑紫万葉の世界」（『都府楼』第13号、一九九二年）

▼風水都市

赤司善彦「北部九州の古代山城」（『古代の山城シンポジウム資料集』考古学研究会、二〇〇一年）

阿部義平「日本列島における都城形成 ― 大宰府羅城の復元を中心に」（『国立歴史民俗博物館研究報告』第36集、一九九一年）

井形進『九州仏像史入門 ― 太宰府を中心に』海鳥社、二〇一九年

石田琳彰『観世音寺の歴史と文化財 ― 府大寺から観音信仰の寺へ』花乱社、二〇一五年

石松好雄「大宰府庁域考」（九州歴史資料館編『大宰府古文化論叢』上巻、吉川弘文館）

石松好雄「大宰府都城」（古都大宰府を守る会編『大宰府の

歴史1』西日本新聞社、一九八四年）
李夕湖・脊古真哉・石松好雄他『大宰府学事始め2――大宰府都城と風水』福岡県総務部国立博物館対策室、二〇〇〇年
小田和利「水城西門跡の調査成果」（講演レジュメ）
小田富士雄『太宰府・宝満山の初期祭祀――「宝満山の地宝」拾遺』太宰府顕彰会、一九八三年
鏡山猛『大宰府都城の研究』風間書房、一九六八年
北進一「兜跋毘沙門天の居ます風景」（『自然と文化』第58号、日本ナショナルトラスト、一九九八年）
狭川真一「大宰府の朱雀大路」（『文化財学論集』文化財学論集刊行会、一九九四年八月）
狭川真一・山村信榮「太宰府の土地利用の変遷」（前掲『大宰府復元』）
脊古真哉「都市と陰陽五行」（木場明志監修『陰陽五行』淡交社、一九九七年）
太宰府市総務部企画課編『わがまち散策――大宰府への招待』太宰府市、一九九〇年
田村圓澄「観世音寺草創考」（『日本歴史』第４４０号、吉川弘文館、一九八五年）
綱本逸雄「平安京の四神に新説」（『宗教民俗研究』別報18、日本宗教民俗学研究会、一九九五年）
林重徳「現代の土木技術者から見た水城の築堤技術」（前掲『大宰府復元』）
速水侑『観音・地蔵・不動』講談社現代新書、一九九六年
前田良一「風水防護都市　大宰府」（『歴史九州』一九九五年四月号（特集「都城と鬼」）、九州歴史大学講座）
三浦國雄『風水――中国人のトポス』平凡社、一九九五年
森弘子「風水都市」（前掲『大宰府復元』）
森弘子『宝満山歴史散歩』葦書房、二〇〇〇年
森弘子『宝満山の環境歴史学的研究』太宰府顕彰会、二〇〇八年
八尋和泉「観世音寺」（太宰府市史編集委員会編『太宰府市史　建築・美術工芸資料編』太宰府市、一九九八年）
山村信榮「古代道路の諸相――大宰管内の場合」（『古代文化』第47巻第4号、古代学協会、一九九五年四月）
横田賢次郎・石丸洋「国宝・観世音寺鐘と妙心寺鐘」（『九州歴史資料館研究論集20』一九九五年）
横田賢次郎「大宰府発掘の三十年」（前掲『大宰府復元』）
「阿志岐城跡――阿志岐城跡確認調査報告書」筑紫野市教育委員会、二〇〇八年
『古都大宰府を守る会設立20周年記念誌――古都大宰府　保存への道』古都大宰府保存協会、一九九四年

▼遠の朝廷

石松好雄編『日本の美術　大宰府跡』至文堂、一九八四年
鏡山猛『大宰府都城の研究』風間書房、一九六八年
清藤鶴美『菅家の文華』太宰府天満宮文化研究所、一九七一年
倉住靖彦『古代の大宰府』吉川弘文館、一九八五年
杉原敏之『遠の朝廷・大宰府』新泉社、二〇一一年
沢村仁「大宰府の建築」（古都大宰府を守る会編『大宰府の

歴史2』西日本新聞社、一九八四年）
高橋学「国分松本遺跡出土の木簡――戸籍関係木簡を中心に」（『都府楼』第44号、二〇一二年）
谷川佳枝子「野村望東尼」（『菅原道真公御神忌一千百年大祭記念　天神さまと二十五人――菅原道真公をめぐる人びと』太宰府天満宮文化研究所、二〇〇二年）
太宰府市史編集委員会編『太宰府市史　考古資料編』太宰府市、一九九二年
太宰府市教育委員会編『大大宰府展』古都大宰府保存協会、一九九六年
中西進「『万葉集』と大宰府」（九州歴史資料館編『大宰府古文化論叢』下巻、吉川弘文館、一九八三年）
成田翠峰「夢殿の碑」（『都府楼』第23号、一九九七年）
松川博一「出土文字資料で読み解く大宰府の軍制」（『都府楼』第50号、二〇一八年）
森弘子「正殿跡の石碑について」（『大宰府史跡　平成十年度発掘調査概報』九州歴史資料館、一九九九年）
横田賢次郎「昭和六十年度発掘調査の成果　大宰府政庁前面域の調査2」（『都府楼』第2号、一九八六年）
「大宰府条坊内の客館（8～9世紀）」（「大宰府条坊跡現地説明会資料」太宰府市教育委員会、二〇一一年）
『大宰府条坊跡44――推定客館跡の調査概要報告書』太宰府市教育委員会、二〇一四年
「国分松本遺跡第13次調査　遺跡説明会・展示解説資料」太宰府市教育委員会文化財課、二〇一五年
『甦る遠の朝廷――大宰府展　発掘10周年記念』九州歴史資料館、一九七八年
『発掘が語る遠の朝廷――大宰府　大宰府史跡発掘調査20周年記念』九州歴史資料館、一九八八年
『大宰府史跡　昭和六十年度発掘調査概報』九州歴史資料館、一九八六年
『大宰府復元』（前掲）
『大宰府政庁跡』九州歴史資料館、二〇〇二年
『大宰府その栄華と軌跡――九州歴史資料館開館記念特別展』九州歴史資料館、二〇一〇年
『記念図録　大宰府史跡発掘50年』九州歴史資料館、二〇一八年
『大宰府史跡発掘50年記念シンポジウム資料集』福岡県教育委員会、二〇一八年

▼全般的に参照した文献

『大宰府の歴史』1－7（前掲）
『太宰府市史』考古資料編、民俗資料編、建築・美術工芸資料編、文芸資料編（前掲）
『大宰府古文化論叢』上・下巻（前掲）
大宰府史跡ガイドブックシリーズ1『特別史跡水城跡』二〇一四年、同2『特別史跡大野城跡』二〇一五年、同3『特別史跡大宰府跡』二〇一八年、九州歴史資料館
『都府楼』第1－50号（前掲）
『古都大宰府を守る会設立20周年記念誌――古都大宰府　保存への道』（前掲）

あとがき

平成三十一年四月一日、新しい元号が「令和」と発表された日、太宰府は市役所も天満宮もマスコミの電話対応でパニック状態となった。その日の午後、天満宮からのＳＯＳで坂本八幡宮に駆けつけた私は、取材するマスコミの人々が、拙著『太宰府発見――歴史と万葉の旅』を手にしているのを見て驚いた。そして「森弘子さんがいる」との声に、彼らはこちらに押し寄せ、入れ替わり立ち替わり質問攻めにあった。

夕暮れ時家に帰ると、テレビには大宰府展示館の梅花の宴のジオラマが繰り返し映し出されて、またまた驚いてしまった。このジオラマは、私が大宰府展示館を管理運営する財団法人古都大宰府を守る会（現・公益財団法人古都大宰府保存協会）の文化部長兼学芸員をしていた時、開催した「梅花の宴――遠の朝廷の食と衣」という展覧会の展示品のひとつとして製作したものだった。

それから約三十年、訪れる人もまばらな展示館にひっそりと在り続けた人形達が、一躍「時の人」となり画面に踊りでたわけだ。改めて顔を合わせてみると、大伴旅人も山上憶良もいきいきと楽しげに宴を楽しんでいる様子。三十年の時を経て、ちっとも色あせない人形の一つ一つに、博多人形師・山村延燁さんの力量を感じ、真剣に製作に向き合われるお姿、完成した時の笑顔まで思い出されて、懐かしさと感謝の想いに浸ったものだ。

この展覧会開催に当たって検討したことは、母校京都女子大史学科創設四十周年記念特集号の学会誌『史窓』48号に「再現梅花の宴」として掲載させていただいた。この論文も国立国会図書館経由でマスコミの注目するところとなった。この展覧会が、日本風俗史学会九州支部との共同研究で開催された事も特記しておきたい。当時の支部長福岡教育大学教授・後藤信子姉は京都女子大学の先輩であり、こうした奇しき御縁が今日の盛事にまでつながったことは、誠に感慨深い。

旧著『太宰府発見──歴史と万葉の旅』は、平成十五年二月に発刊され、その後版を重ねたが、最近は在庫がなくなり、再版を要望する声もあった。躊躇する中、今回のことがあり、『万葉集』の部分を増補し、新しい調査研究の成果をも盛り込んで、改訂版として作ってはどうかということで、海鳥社と話がまとまった次第である。

表紙の原画は、太宰府天満宮の襖絵を描くべく我が家の向かいの家に越してこられた気鋭の日本画家・神戸智行さんが描いて下さり、装丁は長年「一度は毛利さん装幀の本を出したい」と念願していた毛利一枝さんが担当して下さった。新しい御代「令和」を寿ぐに相応しい格調高い本になったこと、嬉しい限りである。

写真は前作『さいふまいり』でご一緒した安本多美子さん、古都大宰府保存協会をはじめ関係各位、諸機関にご提供いただいた。編集に当たっては、古都大宰府保存協会学芸員の田中健一さん、そして海鳥社の杉本雅子さんに多大なるお世話になった。皆様に感謝申し上げたい。

装いも新たに出版するこの書物が、「令和」ゆかりの地大宰府と『万葉集』について、多くの方々のご理解を新たにし、よりよい史跡の保存と活用・太宰府のまちづくりに寄与するものとなることを願ってやまない。

令和元年十二月

森弘子

森弘子（もり・ひろこ）
京都女子大学文学部卒。卒業と同時に太宰府天満宮文化研究所研究員となる。九州大学にて博士（人間環境学）号取得。（財）古都大宰府保存協会文化部長・事務局長、太宰府市教育委員、太宰府市史編集委員などを経て現在、福岡県文化財保護審議会委員など県下自治体の文化財保護行政と歴史まちづくりに携わる。2013年「社会教育功労者」として、2017年「地域文化功労者」として文部科学大臣表彰を受ける。
主な著書に、『太宰府発見——歴史と万葉の旅』（海鳥社）、『西高辻信貞　わがいのち火群ともえて』（太宰府天満宮）、『祈りの山宝満山』（海鳥社）、『さいふまいり——太宰府天満宮への道すがら』（海鳥社）がある。

写真協力：公益財団法人古都大宰府保存協会
太宰府文化遺産調査ボランティア

大宰府《だざいふ》と万葉《まんよう》の歌《うた》

■

2020年1月13日　第1刷発行

■

著者　森弘子
発行者　杉本雅子
発行所　有限会社海鳥社
〒812-0023　福岡市博多区奈良屋町13番4号
電話092(272)0120　FAX092(272)0121
印刷・製本　有限会社九州コンピュータ印刷
ISBN978-4-86656-057-1
http://www.kaichosha-f.co.jp
［定価は表紙カバーに表示］